두 번째 이야기

두 번째 이야기

이운우 수필집

쟁글판

|책을 내면서|

 지난겨울 오랜만에 만나 친구가 "저번 보내준 끈끈이대나물꽃은 잘 읽었는데, 글은 계속 쓰고 있는지? 책은 언제 또 낼 건지?" 하면서 "영화를 보면 전편이 성공하면 속편을 내던데, 전편만 못한 것을 보면, 책도 마찬가지 아닐까?"라고 했습니다. 나는 속으로 '아무렴 두 번째가 낫겠지'라고 속으로 생각했지요. 막상 두 번째 책을 준비하며 생각해 보니 그 친구 말이 맞는다는 생각이 들었습니다.
 도무지 왜 쓰는지, 무엇 때문에 쓰는지 모를 만큼 방향성이 없는 신변잡기 같은 글만 써지는 것은 아직은 수준이 멀었다는 얘기인 것 같아 스스로 자책해 봅니다. 언제쯤이면 이 굴레에서 벗어날 수 있을까요?
 어쩌면 나만의 만족을 위하여 아무 의미 없는 글을 쓰고 있는지도 모르겠습니다. 부끄러움을 감출 길 없습니다만, 그렇다고 여기서 멈출 수는 없겠지요. 우리 삶 삼라만상이 한 번에 얻어지는 것보다는 수없이 반복하다 보면 결과로 나타나는 것이 순리이고 또 그만큼 가치가 있으리라 생각됩니다. 그렇게 스스로 위로하며 '두 번째 이야기'를 세상 밖으로 살며시 밀어내 봅니다.

언젠가 글은 왜 쓰느냐?는 자신의 질문에 '내가 지나온 삶을 비춰보고 내가 살아가고 있는 삶의 이정표로 삼기 위해서'라고 대답했는데 맞는 말인지 모르겠습니다. 과연 내가 살아가고 있는 삶을 글 속에서 거울로 삼아 찾아가고 있는 건지 아직은 의문이 많이 남습니다. 단순히 추억을 뒤돌아보고 기억을 기록하는 수준에 지나지 않는 것은 아닌지 되묻고 싶습니다.

조금이나마 무엇인가 생각을 달리해야 한다고 생각은 하고 있습니다. 언제나 읽는 사람들의 고개가 끄덕일 수 있는 글을 쓸 수 있을까요? 언제나 읽는 이로 하여금 가슴을 먹먹하게 하는 글을 쓸 수 있을까요? 그날이 언제인지 막연하지만 갈고 닦는 일을 쉼 없이 해야 하리라 다짐해 봅니다. 그날을 위하여 오늘의 부끄러움은 오롯이 감수해야 하겠지요.

지난겨울은 유난히 추웠습니다. 어머니께서 이승과 저승의 문턱을 오락가락 넘나들며 이 세상과의 하직을 준비하고 계셨지만, 따스한 봄날까지는 계실 거라고 느긋한 마음이었습니다. 내 바람과는 다르게 1월 어느 눈이 많이 내리는 추운 날, 어머니는 먼 길을 재촉하셨습니다. 무엇 때문에 그렇게 서두르셨는지 안타까울 뿐입니다.

어머니는 학교 문턱을 넘어 본 적이 없었습니다. 스스로 한글을 깨우쳐 비록 삐뚤거렸지만 쓰고 읽고 하셨지요. 항상 책 읽는 것을 좋아하셔서 점심 후에 젊은 우리들은 꾸벅꾸벅 졸다 한숨씩 자곤 했지만, 어머니는 몇 시간씩 쪼그리고 앉아 책을 읽으셨습니다. 적적함을 책으로 달래셨는지도 모르겠습니다. 지금도 시골 어머님이 계시던 집에는 작은 책장에 책이 빼곡히 꽂혀있지요. 내가 첫 번째 '끈끈이대나물꽃'을 출간하여 드렸을 때 무척이나 좋아하셨습니다. 두 번째 책을 내면서 제일 먼저 어머니께 드리려 했는데, 그새를 참지 못하시고 떠나셨습니다. 책이 출간되면 첫 번째로 어머니 영정에 바치겠습니다. 엷은 미소를 띠며 책을 읽는 어머니 모습이 선합니다.

'두 번째 이야기'가 빛을 볼 수 있도록 고민을 나눠가며 시간을 같이 해준 충북대학교 수필창작반 문우님들과 항상 문학 발전에 노심초사 하시며 신경을 써 주신 김홍은 지도교수님께 감사드립니다.

아무런 불평불만 없이 옆에서 응원을 아끼지 않은 가족과 '두 번째 이야기'가 순산하도록 힘을 써주신 정은출판 대표님께도 깊이 감사드립니다.

2025년 여름날에
이운우

차 례

책을 내면서   5

Ⅰ. 매미와 가을장마

매미와 가을장마	15
소나무	19
창경궁	23
노근리에서	27
서대문 형무소	31
염쟁이 유씨	35
새벽을 여는 사람들	39
과유불급 過猶不及	42
그루터기의 삶	46
벼의 일생	50

Ⅱ. 12사도 길

12사도 길	57
외갓집 가는 길	62
상견례	67
며느리 구하기	72
쌍둥이 상봉기	76
걸음마	80
서예	84
최고의 하루	87
초보 농부	91
아카시 꽃향기 속에서	95

Ⅲ. 유람선과 봄맞이

유람선과 봄맞이	101
익산 백제의 흔적을 찾아	105
로마 여행	109
폼페이	114
앙코르와트 사원	118
톤레샵 호수의 사람들	122
수원 화성을 가다	126
문학기행을 다녀와서	130
황순원문학관을 찾아서	134
김만중의 발자취를 찾아서	138

Ⅳ. 새싹

새싹	145
미꾸라지의 추억	149
카톡 예찬	153
경계선境界線	157
땅콩 수확	162
빛바랜 흑백사진	166
코로나 잡기	170
파크골프의 매력	173
학교 도서관에서	177
사슴	181

V. 어떤 해후

고향	187
여름날의 추억	191
복분자 覆盆子	195
오 남매 여행	199
어머님과 제주 여행	203
어떤 해후 邂逅	209
어머니와 들고양이	213
묵은 달력	217
어머님이 마지막 가시는 길	221
고양이의 기다림	225

I. 매미와 가을장마

매미와 가을장마

소나무

창경궁

노근리에서

서대문 형무소

염쟁이 유씨

새벽을 여는 사람들

과유불급

그루터기의 삶

벼의 일생

매미와 가을장마

가을비가 소리 없이 추적추적 내린다. 벌써 며칠째인가. 유난히 짧았던 지난여름 장마 때 남아있던 비가 미련이 남아 내리는지도 모르겠다. 며칠째 쏟아지던 빗줄기도 쉬어가려는지 가랑비로 살금살금 내리고 있다.

아스팔트 위로 반짝반짝 튀어 오르는 물방울을 보고서야 '아직도 비가 오는구나!' 하고 느낄 정도의 비다.

깊은 산속 절간처럼 조용한 사무실 창밖으로 내리는 빗방울을 세고 있는데, 느닷없이 매미 울음소리 요란하다. 햇볕이 쨍쨍 내리쬐는 한여름 오후에 울어대던 매미다. 여름이 지나간 계절에, 비가 추적추적 내리는 날에 들려오는 매미 소리는 아무래도 어울리지 않는다. 매미 소리는 뜨거운 햇볕이 작열하는 여름날, 정자나무 그늘에서 들어야 제맛이다. 오늘따라 매미 소리가 처연하게 들려오는 것은 어울리지 않는 분위기 탓인가 보다.

얼마 남지 않은 자신의 운명을 알고 있다는 듯, 힘에 부쳐 늘어진다.

요란한 매미 소리 비에 젖어 축축하게 젖어 든다.

겨우 1달 남짓 살기 위하여 8년을 어둠 속에서 인내하며 오늘까지 왔는데.

매미에게는 어느 때보다 하루가 아쉬운 시간이다. 얼마 남지 않은 운명이기에 하루라도 따가운 햇볕이 절실하기 때문이다. 뜻하지 않은 늦장마로 며칠째 비가 내려 매미의 운명을 재촉한다. 힘들고 고통스러운 세월을 인내한 결과를 이렇게 허무하게 지나치는 것이 안타깝다고 소리치는 듯 처량하게 울어댄다. 빗줄기 속에 가슴을 비비며 온몸으로 소리쳐 보지만, 물기에 눅눅해진 소리가 마음에 차지 않나 보다. 버럭버럭 요란스럽기만 하다. 가슴을 열어 아쉬움을 토하고 있을 때, 벌름거리는 가슴속으로 빗물이 흘러 들어가지는 않을까. 쓸데없는 기우杞憂는 왜일까. 왠지 모를 안타까움 때문이다. 그래도 포기할 수 없다고, 있는 힘을 다해 울어댄다. 일찍 짝을 만나 사랑하고 생을 마감한 매미들이 부러워서일 게다. 어쩌면 지금 빗속에서 울어대는 소리가 더욱 처량하게 들려오는 것은 아직도 짝을 만나지 못한 설움 때문일 지도 모르겠다.

나는 살아오면서 지금 울어대는 매미처럼 선택받지 못하여 설움을 겪은 일이 없었던가. 특별히 기억에 남는 일이 없는 것은, 다행히 그렇게 큰 설움이 없었나 보다. 어쩌면 세월의 빛바램으로 기억에서 흐려졌는지도 모르겠다.

언제였던가 수십 년 만에 고등학교 친구를 만났었다. 그 친구가 먼저 알아보고 아는 체하여 지난 얘기 끝에 학교 동창임을 알았다.

그 친구에게 당연하다는 듯이 아이들은 몇이나 두었냐고 물었다. 그 친구 대답이 아직 짝을 못 만났다 하여, 내가 오히려 무안해했던 추억이 있다.

지금 울고 있는 매미 소리를 들으며 문득 그 친구가 생각나는 것은 친구 처지가 지금 울고 있는 매미와 같다는 생각이 떠올랐기 때문이다. 옛날 어른들이 결혼 적령기를 넘긴 사람들에게 '인연은 따로 있다. 짚신도 짝이 있는 법이다'라 위로했듯이, 그 친구도 지금은 짝을 만났을까. 늦게나마 짝을 만나 행복한 가정을 이루었길 기대해 본다.

매미가 처절하게 울고 있는 것은 지나간 땅속에서 암울했던 세월이 억울해서인지, 빗속에 짝을 기다리는 처지가 한심하여 신세 한탄하는 심정으로 울부짖는 것일지도 모른다. 애처로운 울음소리 들으며 매미 세계를 상상해 본다. 짝을 만나 애타게 우는 울음을 멈추게 되면, 그나마 지난 힘들었던 8년간의 세월이 보상될 수 있을 테지만. 매미는 사랑을 맺은 후 곧 생을 마감해야 한다. 그것이 매미의 타고난 숙명이다. 자신의 운명을 알면서 저렇게 애절하게 짝을 찾고자 빗속에서 목이 쉬도록 노래하는 것이 안쓰럽다.

어쩌면 그렇게 얄궂은 운명일까. 사랑하자마자 생을 마감해야 한다니, 허무하지 않을까. 우리와 사는 방법이 다르니 알 수 없지만, 문득 매미가 우리네 인생을 보면 어떤 생각을 할까 궁금해졌다. 매미와 다르게 종족 번식의 임무를 다한 후 주어지는 수십 년의 삶을 보너스라고 부러워할까. 아니면 추가로 살아가야 하는 숙제 같은 삶이라고 안쓰러워할까. 우리는 덤으로 사는 삶이라고 즐길 수도 있고, 숙제 같은 삶으로 겨우겨우 어쩔 수 없이 살아가고 있는지도 모른다. 이왕이면 의무로 살아야 하는 숙제 같은 삶보다는, 보너스 같은 행복한 삶으로 살아야 한다고 스스로 다짐해 본다.

매미의 한탄이 지쳐가는 듯 한껏 낮아진 소리다. 비 좀 그만 오라고, 우리들 살날이 얼마 안 남았다고 외쳐 보지만, 빗줄기 속에 묻혀든다.

마지막 남은 힘을 다해 목소리 돋워 보지만, 울음소리는 빗줄기 속으로 눅눅하게 젖어들뿐. 가을비는 쉼 없이 쏟아진다.

(2021. 9)

소나무

깊은 산속 속세를 떠난 듯 딴 세상이다. 너무 조용하여 낙엽 밟히는 소리에 스스로 놀랄 정도다. 일상을 벗어나 무념무상으로 깊은 산속으로 빠져들었다. 머릿속 삶의 찌꺼기로 남아있는 잡념들을 수풀 속으로 날려 보낸다.

가쁜 숨을 몰아쉬며 능선을 향했다. 눈을 들어 앞을 보니 장승만큼 우람한 아름드리 소나무가 앞을 가로막고 있었다. 가쁜 숨도 가눌 겸 소나무 밑에 발길을 내려놓는다.

눈앞에 보이는 아름드리 소나무 둥치에 오랜 세월에 묻힌 깊은 상처가 보였다. 일제강점기 시절에 소나무 송진까지 채취해 빼앗아 갔다는 소리는 들었지만, 눈앞에서 현장을 보기는 처음이다. 주변에 있는 다른 소나무에도 상처를 품고 세월의 흐름을 지켜보며 아픔을 간직하고 있는 소나무가 많았다.

그 상처 속에서 우리 할아버지가 누추한 모습으로 아름드리 소나무에 날카로운 도구로 상처를 내는 모습이 보이는 듯하다. 할아버지의 굴곡진 주름살이 보이고, 거친 손길 사이로 붉은 선혈 같은 송진이 흘러내린다. 차마 할 수 없는 짓이라고 몸짓으로 말하는 듯 행동이 부자연스럽다. 상처를 내는 할아버지나, 몸 일부가 찢기는 소나무에는 얼마나 큰 고통이었을까.

깊은 상처 속에서 우리 민족의 한이 흘러내린다.

그 선혈에는 우리 민족의 얼과 정기가 녹아 있는 듯 유난히도 검붉은 빛이다. 그 검붉은 선혈 같은 송진은 어느 곳에선가 한군데 모아져 우리를 강탈한 원수들의 또 다른 침략의 도구로 쓰였단다. 강제로 끌려가 침략의 총알받이로 희생된 이 땅의 젊은이들과 함께 할아버지가 채취한 선혈 같은 송진은 침략전쟁에 필요한 도구가 되었다.

우리 민족의 상징인 소나무는 자기 몸에 난 상처보다도 얼마나 큰 아픔이었을까. 소나무에 상처를 내는 할아버지의 얼굴에도, 상처를 남긴 소나무의 솔잎에도 고통과 수치심이 가득하다. 솔잎은 완장을 찬 감시자의 시선을 의식하여 잔뜩 긴장한 듯, 고슴도치 가시처럼 꼿꼿하게 서 있다. 솔잎 사이의 솔방울들은 수치심으로 차마 아래로 내려다보지 못하고 외면하여, 차라리 고개를 들어 하늘을 향하고 있었다.

하루의 목표량을 채우지 못하면 어떤 버티기 힘든 고통이 할아버지를 괴롭혔으리니, 그 모습을 지켜보는 할머니 역시 일상이 힘들 수밖에 없었을 게다. 그렇게 우리 민족이 36년 동안 치욕을 겪고 있는 모습을 소나무는 내려다보며 깊은 상처로 담아두었다.

그 아픔을 참기에는 얼마나 많은 인내와 고통이 필요했을까. 한 세기의 세월이 흘렀지만, 여전히 아픔을 잊지 못하는 듯, 많은 비바람에도 상처는 아물지 못하고 그때의 아픔이 하얗게 표백된 흔적으로 남아 간직하고 있었다.

옆 참나무에서 할아버지가 혼령으로 오신 듯 쓰름매미가 구슬피 운다.

그때의 고통을 잊지 말자고 쓰름~ 쓰름~ 쓰으름~.

이제는 상처가 아물라고 쓰름~ 쓰름~ 쓰으름~.

우리나라 어디에서나 고개를 들어 산과 마주할 때 가장 먼저 눈에 띄는 나무가 소나무다. 심지어 도심의 가로수나 마당의 정원에 소나무 한 그루 있는 것이 커다란 자부심이고 자랑이다. 옛날에는 새 생명의 탄생을 알리는 금줄에는 솔가지가 끼워지고, 어머님이 애지중지하는 간장독에도 솔가지가 넣어졌다. 잔치 날이면 송홧가루로 꽃 모양이 새겨진 다식판에서 찍어낸 다식茶食을 먹었다. 요즘 송편에서는 솔향이 없지만, 전에는 송편은 꼭 솔잎 위에서 쪄야 하는 줄 알았다. 한가위 명절 때면 온 가족이 둘러앉아 송편에 묻은 솔잎을 떼어먹으며 이야기꽃을 피웠던 추억이 솔향처럼 그윽하다.

소나무는 춘궁기에 허기도 면하게 해주었다. 옛말에 'O 구멍이 찢어지도록 가난하다'란 말이 있다. 그 말의 어원은 먹을 것이 부족하여 소나무 속껍질을 벗겨 말려서 빻아 가루로 만들어 먹었단다. 송진의 성분이 수분을 흡수하는 성질이 있어 대장 속의 수분을 흡수하여 대변이 딱딱하게 굳어 볼일 보기가 힘들어 생긴 말이란다. 먹을 것이 부족했던 선조들의 궁핍한 생활이 애처롭다. 소나무는 용도도 다양하다. 솔방울로 술을 빚으면 솔향 그윽한 송로주로 되었다. 술에 취하고 솔향 가득한 분위기에 취한다. 소나무 뿌리에는 신장병에 특효가 있다는 복령茯靈이 있고, 송이松栮라는 포자체를 발생하여 인공 재배가 불가하고 향이 으뜸인 송이버섯이 자란다.

　소나무는 우리 민족의 기상이고 상징이다. 일상생활은 물론 온갖 수난을 함께했다. 항상 변하지 않고 자연스러우며 잘 어울리는 까닭에 우리 민족의 심성을 사로잡아 왔다. 특히 선비들은 정절의 표상이며, 생활의 목표로 사시사철 어떤 억압에도 굽힐 줄 모르는 소나무의 정절을 표본으로 살아왔다.
　단재 신채호 선생은 '역사를 잊은 민족에게 미래는 없다'라고 말씀하셨다. 소나무의 깊은 상처에서 과거의 잘못을 깨닫고, 다시는 그런 아픔을 겪지 않도록 우리가 모두 각성해야 한다. 소나무를 볼 때마다 우리 민족이 겪었을 애환을 상기해 본다. 우리나라 어디를 가든 사시사철 푸름을 지키며 향기가 으뜸인 소나무가 있어 좋다.

(2017. 11)

창경궁

초등학교 수학여행이었다. 난생처음 가는 서울 구경으로 전차를 타고 동물원에 갔다. 그때 이름은 창경원이었다. 마침 공작새가 날개를 활짝 펴고 살랑살랑 흔들어 대던 모습이 무척 아름다웠다. 선생님께서 "몇 번 와봤지만 저렇게 아름다운 모습은 처음 본다."라고 말씀하시던 목소리가 생생하다. 반세기 만에 그 자리를 다시 찾았다. 그때의 흔적이 남아있을 리 없겠지만 감회가 새롭다. 그때는 창경원이 왕궁이었는지도 몰랐다.

창경궁은 성종 14년에 세조비 정희왕후, 예종비 안순왕후, 덕종비 소혜왕후 세 분의 대비를 모시기 위해 옛 수강 궁터에 창건한 궁이다. 수강궁이란 세종 즉위년에 세종이 상왕으로 물러난 태종의 거처를 위해서 마련한 궁이다. 창경궁은 우리나라 역사만큼이나 많은 시련을 겪으며 버티었다. 선조 25년 임진왜란으로 모든 전각이 소실되었고, 광해군 8년에 재건되었다. 그러나 인조 2년 이괄의 난과 순조 30년 대화재로 인하여 내전이 소실되었다. 화재에서 살아남은 명정전, 명정문, 홍화문에서 17세기 조선시대 대표적인 건축양식을 볼 수 있다. 명정전은 왕이 정사를 돌보던 곳으로 조선 왕궁 중에서 가장 오래된 건물로 국보로 지정되었다. 모든 건물이 아름답지만, 그중에서도 지붕 처마의 곡선미가 최고다. 어쩌면 저렇게 모든 처마 끝이 부드러운 선으로 파란 하늘 끝에 걸리도록 만들었을까. 서양의 건물이 직선이라면 우리 건물은 곡선이다. 직선은 획일적이어서 딱딱하다면, 곡선은 포용으로 정이 넘친다.

온화한 할머니의 미소 짓는 입꼬리 같다. 한 손으로 살며시 잡아 올린 아름다운 여인의 치맛자락이다. 걸음을 옮길 때마다 사각사각 소리까지 정감을 주는 한복의 선이 궁궐의 처마 끝과 같은 곡선이다. 그렇게 아름다운 곡선을 우리는 지키지 못했다. 수많은 외적의 침입으로 불타 소실되었지만, 선조들은 끈기 있는 민족정신으로 재건하고 또 재건하였다.

1909년 일제는 우리 임금이 기거하던 창경궁을 동·식물들이 있는 유원지로 전락시켜 창경원으로 개설하였다. 임금이 기거하는 궁궐을 유원지로 전락시킨 일제의 의도가 분명하다. 신성한 곳을 동식물의 분변으로 더럽히고 관광객들의 발길에 짓밟히도록 하여 우리를 욕되게 하기 위함이었다.

다행히 1983년 동·식물을 서울대공원으로 옮기고 창경궁 본래의 이름으로 복원하였다.

역사적으로 보면 일본은 끊임없이 우리 민족을 괴롭혔다. 임진왜란을 시작으로 정유재란에 얼마나 큰 피해를 줬던가. 인명피해는 물론 문화재 소실, 도공 납치 등 씻을 수 없는 피해를 안겨주었다.

그것도 모자라 조선 말기 세력이 약해진 틈을 이용하여 36년간 우리를 짓밟는 만행을 저질렀다. 인적, 재산 피해는 물론 우리 민족 말살정책으로 우리말도, 우리 이름도 말살시켰다.

생각만 해도 치가 떨린다. 해방되어 우리 국권을 찾았지만, 일제 청산을 못 하여 일제에 부역했던 사람들이 오히려 떵떵거리며 살고 있는 현실이다. 청산을 못 한 결과로 극심한 사회분열이 오늘까지 이루어지고 있으며, 심지어 어떤 지도자는 '왜 백년 전에 있었던 일을 가지고 미래를 망치려 하느냐고' 한다. 참으로 어처구니가 없다. 어찌 과거가 없는 현재가 있을 수 있으며 현재가 없는 미래가 있을 수 있단 말인가? 편향된 생각을 가지고 있는 지도자의 영향으로 '보지도 못한 할아버지가 겪은 일은 왜 우리가 짊어져야 하느냐'고 하는 추종자가 있을 정도다.

그런 말을 들으니, 모든 면에서 전성기를 맞이하고 있는 우리나라의 운명이 다한 것인가? 하는 끔찍한 생각을 하게 된다. 소름이 돋을 정도다. 어떡해야 그런 이들의 생각이 바뀔 수 있을까? 역사 공부의 미흡이다. 우리나라 독립을 위하여 목숨을 바친 독립유공자들의 사료를 발굴 보급하게 시켜야 한다.

국어 공부도 마찬가지다. 모든 시험에서 국사와 국어를 우선시 하여야 한다.

50여 년 만에 다시 찾은 창경궁을 보면서 새롭게 역사의식을 다짐해 본다.

일본이 패망하면서 '우리는 언젠가 반드시 돌아온다.'라며 철수

했다는 말이 섬뜩하게 메아리로 울려온다. 과거를 잊고 저들을 경계하지 않으면 언젠가 또 같은 수모를 겪을 수도 있다. 우리의 아름다운 유산을 또다시 소실되지 않도록 해야 한다. 사람의 성격이 바뀌지 않듯이 저들의 호전적인 침략성은 변하지 않을 것이다. 벌써 헌법을 바꿔 또다시 호전성을 살리려 하지 않는가. 본래의 모습으로 복원된 왕궁의 모습에 흐뭇하다.

아직도 복원이 완료되지 못하여 곳곳에 잔디밭으로 남아있는 곳이 많지만, 하루속히 복원이 완료되길 기대해 본다. 비록 원래의 것은 아니지만 원상태에 최대한 가깝게 복원이라도 하여 우리 유산을 지켜나가는 것이 우리가 할 일이다. 다시는 외적의 침입으로 소중한 문화유산들이 소실되지 않도록 보다 많은 국민이 역사와 문화재에 관심을 가졌으면 좋겠다.

더위로 힘든 하루였지만 선조들이 겪은 고난과 민족혼을 되새기며 돌아오는 버스에 올랐다.

(2023. 6)

노근리에서

7월의 햇볕은 뜨거웠다. 북쪽에서 내려온 피난민과 현지인들은 미군의 소개령에 따라 남쪽으로 피난길이었다. 경부선 철로 위에 모여 철로를 따라 걷고 있었다. 남쪽 하늘에서 7월의 열기를 뚫고 쌕쌕이라 부르는 미군 비행기가 '쌕쌕' 소리치며 나타났다. 우리나라를 도우러 온 미군인지라 일부는 반가운 마음에 손까지 흔들었다. 그런데 이게 웬일일까. 갑자기 비행기에서 폭격을 시작했다. 지축을 흔드는 듯 폭격 소리에 순식간에 아수라장으로 변한 철로 변의 피난민들은 철로 아래에 있는 쌍굴다리 밑으로 피신했다.

그러자 앞쪽에서 미군의 기관총 사격이 시작되었다. '타타탕' 연속적인 기관총 소리에 여기저기서 피가 튀기며 피난민들이 거꾸러지기 시작했다.

눈앞에서 불이 번쩍 튀었다. 내 아기를 살려야 한다고 소리치며 허우적거렸지만, 아무것도 보이지 않았다.

무심한 세월은 흘러갔다. 그렇게 75년을 아기도 잃고 눈도 잃은 상태로 겨우겨우 살아가고 있는 할머니의 눈에서 눈물이 주르륵 흘러내렸다.

아직도 선명하게 남아있는 쌍굴다리의 총탄 자국에서는 그날의 참상을 증언하려는 듯 움푹 파인 채 세월을 담아내고 있었다. 무자비한 총알은 힘없는 어린이나 여자를 구분하지 못했다. 1950년 7월 말 4일간 있었던 한국전쟁 최대 양민 피해지인 영동군 영동읍 황간면 노근리에서 300명 정도가 죽어간 참상의 현장이다. 우리를 도우러 온 미군이 왜 피난민들에게 사격을 가했을까.

처음에는 우발적인 사건이라고 우기는 미군 당국의 주장에 묻혔으나, 생존자들의 증언과 참전 미군들의 양심선언으로 세상에 알려지게 되었다. 남쪽으로 밀고 내려오는 북한군이 피난민에 섞여 있다는 소문으로 무조건 사살하라는 명령이 하달 된 사건이었단다. 세월이 흐른 뒤 미국 클린턴 대통령의 공식 사과가 있었고, 정부에서는 법을 만들어 위령탑과 평화의 공원을 만들어 희생자들을 위로하고 있다지만, 그날의 비극은 얼마나 치유될 수 있는 것일까.

앞에서 쓰러져 가는 양민들을 바라보며 방아쇠를 당기는 사람들은 어떤 마음이었을까. 힘없이 픽픽 쓰러지는 모습을 바라보니 기분이 좋았을까.

죽어가는 모습을 보며 희열을 느꼈을지도 모르겠다. 로마의 네로라는 황제도 민가에 불을 놓아 허우적거리며 죽어가는 사람들을 보며 희열을 느꼈다지 않았던가. 과연 인간의 본성은 무엇일까. 전쟁은 살인을 미화하는 범죄행위 아닌가. 우발적인 실수로 사람을 죽이면 범죄자로 심판받는데 전쟁은 사람을 잔혹하게 죽여도 훈장을 주는 것이 과연 합당한 것일까. 절대자이신 신은 우리에게 '사랑하며 살라' 했는데……. '원수를 사랑하라' 했다는데…….

신은 어디에 존재하는가. 누군가의 말처럼 정말 신은 죽은 것일까. 진정 신이 존재한다면 노근리에서의 학살을 용서했을 리가 없다.

나는 위령탑 앞에서 머리를 조아리며 묵념했다. 높은 위령탑 꼭대기에서부터 의문은 시작되었다. 전쟁이란 무엇인가. 왜 아무 이유도 없이 죄 없는 양민들이 죽어야만 했는가. 인류가 생긴 유사 이래로 크고 작은 전쟁은 계속되었다. 현재도 곳곳에서 전쟁하고 있지 않은가. 인류의 역사는 전쟁의 역사라 한다. 결국에 내 영역을 넓히고 상대를 굴복시키기 위한 경쟁이 전쟁이 아닌가. 역사에서도 과거에 싸움을 잘하여 영역을 넓힌 왕들을 칭송하며 영웅시한다. 역사의 평가처럼 그것이 과연 잘한 일일까. 정복하여 굴복시키는 것이 아닌 같이 공존하며 잘 살면 더 좋은 일이 아닌가.

현대사회도 변함이 없는 것 같다. 상대를 깔아뭉개야 우리가 살 길이라고 주장하는 사람들이 많다. 상대를 인정하지 않는 것만이 내가 살 길이고 잘하는 일이라고 생각하는 것 같다. 같이 공생하는 것은 불가능한 일인가.

다시금 전쟁의 비극을 생각나게 하는 노근리 평화공원이다.

우리의 현실은 전쟁이 끝나고 많은 세월이 지났지만, 휴전선으로 경계를 만들어 서로 전쟁의 빌미를 만들기 위하여 눈을 부릅뜨고

대결하는 형국이다. 남에서 풍선을 띄우니 북에서 오물로 되돌아오고, 서로 비방 방송으로 상대를 윽박지른다. 드론을 띄워 상대방의 안방을 넘본다. 그리고 서로가 상대방이 먼저 도발하여 우리도 어쩔 수 없이 대응한다고 주장한다. 상대방이 먼저 방아쇠를 당겨주길 기다리는 일촉즉발의 휴전상태다.

정권에 따라 서로 왕래도 하며 남쪽의 기술과 자본을 바탕으로 북쪽의 노동력과 장소를 제공하며 서로 상생하려던 시절도 있었지만, 정권이 바뀌니 모두가 물거품이 되어 허망한 꿈이 되었다. 다시 전쟁의 구실을 찾으려 혈안이다. 모두가 자신의 실정을 외부의 분쟁으로 치유하려는 것인지도 모르겠다. 그러지 말고 같이 살자. 서로를 인정하고 전쟁만은 하지 말자.

어쩔 수 없이 갈라져 다른 방법으로 살아가고 있지만 우린 같은 민족이잖아.

그러면 안 되는 걸까?

(2024. 11)

서대문 형무소

건물 전체가 붉은 벽돌이다. 쾌쾌하게 색이 바랜 붉은 벽돌이 섬뜩한 기운을 내뿜으며 높은 감시탑만이 우뚝하니 위협하듯 서 있었다. 내부로 들어서니 칙칙한 시멘트벽에다 칸칸이 막아놓은 누추하고 좁은 벌집 같은 방이 양쪽으로 즐비하다. 말로만 듣던 악명 높은 서대문 형무소다.

녹슨 쇠창살이 어둡고 음습하다. 화장실도 별도로 없는 좁은 공간에는 퀴퀴한 냄새에 빈대, 벼룩이 득시글거리는 듯하다. 내일을 기약할 수 없는 공포와 불안만이 가득한 지옥 같은 생활이었을 애국 선조들의 삶이 안타깝다.

서대문 형무소 추모의 탑 아래에서 머리를 조아린다. 우리나라 독립을 위하여, 군사독재 시절 민주화를 위하여 순국하신 선열에 대해 묵념했다.

말로만 듣던 우리 민족 고난의 현장에 와보니 평소와 달리 마음이 착잡하게 가라앉는다. 선열들의 옥중생활을 상상하니, 가슴 깊은 곳에서 뭔가 뭉클하게 올라왔다. 눈시울이 뜨거워진다. 마음속 깊은 곳에서 우러나오는 진심으로 명복을 빌며, 그분들의 고통과 죽음 앞에 나는 죄인이 되어 머리를 조아린다. 일제강점기에 이곳에서 온갖 멸시와 학대 속에서 피를 토할 정도로 원하던 독립을 맞이하였으나, 현실은 우리가 원했던 모습이 아니었다.

 일제 청산을 못 한 결과 일본군의 앞잡이들이 다시 활개를 치는 세상이 되었으니 얼마나 원하고 분통이 터졌을까. 원통하고 억울함에 지금까지도 편안히 잠들지 못하고 구천을 헤매고 계실 것 같다. 가족들 또한 편안한 삶이 될 수 없는 것은 자명하다. 교도소 담장 밖에서 옥바라지하는 가족들이 노숙자처럼 모여 살던 곳에도 눈물과 한숨만 가득하여, 지금까지도 억울한 원혼들이 머무는 것처럼 흔적으로 남아있다. 조금 전 전시관에서 보았던 한용운의 옥중 시 '눈 오는 밤'이란 시를 되새겨 보며, 그때의 풍경을 상상해 본다. 「감옥 둘레 사방으로 산뿐인데 해일처럼 눈은 오고/ 무쇠처럼 찬 이불 속에서 재가 되는 꿈을 꾸네/ 철장의 쇠사슬 풀릴 기미 보이지 않는데/ 심야에 어디서 쇳소리는 자꾸 들려오는지」

 거꾸로 매달아 고문하던 장대. 무시무시한 쇠망치. 쇠꼬챙이가 촘촘히 박힌 좁은 상자 같은 공간에 누울 수도, 기댈 수도 없는 고문 기구. 탁자 위에 양손을 포박하고 뾰족한 대나무로 통증이 가장 심한 손톱 밑을 찔러 고문했다는 고문실. 손톱 발톱을 하나씩 뽑아 자백을 강요했다는 곳. 앉을 수도 없고 조명도 없는 좁은 공간에 서 있어야만 하는 고문 장치. 모든 공간에는 공포만이 가득했을 게다. 공포심을 가중하는 비명, 살점이 찢겨나가는 소리, 비릿한 피비린내, 쇠창살 두드리는 소리, 음침한 공기, 퀴퀴한 냄새로 가득했을 것 같은 곳. 사람이 살 수 있는 곳이 아니다.

지옥 같은 이곳을 벗어날 수 있는 날이 올 수 있을까. 앞날이 캄캄하다.

생명을 얼마나 더 연장할 수 있을까. 오늘은 어떤 고통이 있으려나. 수없이 많은 번뇌와 공포감이 휘몰아친다. 고통과 치욕으로 살아가는 날들이 얼마나 힘들었을까. 차라리 하루빨리 죽는 것이 낫겠다는 생각을 하루에도 수없이 반복하지만, 나라를 되찾기 전에는 눈조차 감을 수 없었을 독립지사들.

그렇게 선조들은 일제강점기에는 독립운동으로, 독재 시대에는 민주화 운동으로 목숨을 바쳐 이루어 낸 자랑스러운 우리나라의 오늘이 아닌가.

선조들의 고통을 생각하며 나는 과연 우리나라를 위하여 무엇을 하였는가. 독립운동도, 민주화 운동도 한 기억이 없다. 독립운동이야 그 당시 태어나지 않아 어쩔 수 없었다고 하여도, 민주화 운동은 참여할 수 있는 세대였는데도 말이다. 먼 나라 사람들 이야기처럼 아득하게 느끼며 살아왔다. 부끄럽다.

빚을 진 것처럼 마음이 무겁다. 온몸을 짓누르고 있는 굴레를 벗어버리고 싶다. 굳이 평계를 만들자면 3선 개헌의 군사정부 시절엔 중학생 신분으로 시국을 알기에는 너무 어렸고. 정권을 잡기 위하여 자국민을 총칼로 학살하던 시대에는 군 생활 중으로 휴가 갔던 동료들에게 외부 소식을 들을 수 있었다. 5·18 민주화운동 이후 혼란기에는 제대하여 시골에서 부모님 농사일을 거들었다. 복학 후에는 서슬 퍼런 총칼의 억압으로 시위 자체가 없어 참여할 기회가 없었다는 것이 핑곗거리가 될는지 모르겠다. 돌이켜 보면 우리 사회를 위하여 헌신한 것이 하나도 없는 것 같다. 그냥 소시민으로 미미한 구성원으로 살아왔다. 나라를 위하여 목숨을 바친 선조들 보기에 민망하다. 지금도 별반 다를 것이 없다. 김대중 전 대통령 말씀처럼 담벼락에 대고 욕이라도 해야 하는데, 어쩌다 SNS에 댓글을 다는 정도밖에 할 수 있는 것이 없다.

잊지 말아야 한다. 선조들이 일제에 어떤 수모를 당하며 어떻게 죽어갔는지를……. 나라가 없는 설움을 알아야 한다. 미래만 중요한 것이 아니다. 과거 없는 미래가 어떻게 존재할 수 있는가. 과거의 잘못을 반성하도록 만들어야 한다. 가해자의 반성 없는 용서인 것은 존재할 수 없다. 몇십 년이 걸리든 몇백 년이 걸리든 과거의 잘못을 스스로 느끼도록 하여야 한다. 어떤 이는 "얼굴도 모르는 할아버지가 겪은 일에 왜 우리가 피해를 본 것처럼 격분하느냐"고 하는 말에는 할 말을 잃고 그냥 귀가 멍할 뿐이었다. 자신의 안위와는 상관없이 오로지 우리나라 독립을 위하여, 민주화를 위하여 목숨을 헌신짝처럼 던져 버린 선조들의 애국심에 고개를 숙이며 명복을 빌었다.

※ 서대문 형무소: 1908년 일제가 긴립하여 1987년 폐쇄까지 80년 동안 감옥으로 사용. 1998년 서대문형무소역사관으로 개관 운영하고 있음.

(2024. 2)

염쟁이 유씨

　유난히 무더위가 기승을 부리는 여름날 저녁, 모 단체의 문화 활동 일환으로 연극 구경할 기회를 얻었다. 아내와 이른 저녁을 먹고 땅거미가 스멀스멀 기어 오는 시간에 시내 중심가에 있는 소극장을 찾았다. 영화에 익숙해진 요즘엔 연극 구경할 기회가 많지 않다.
　옛날 영화관이 없던 시골에 명절 때면 유랑극단이 찾아와 볼거리를 제공했던 추억이 아련하다. 아직은 무슨 내용인지 모르는 나이였다. 무대 위에 말 타고 가는 장면에서 말을 덮었던 보자기가 흘러내려, 사람이 구부려 말 흉내를 내는 모습이 보여 모두가 웃었던 기억이 아스라하다. 무대 위 소품도 조명도 허술했던 옛날 무대에 비교되어 지금은 무대장치도 조명도 현실감 있게 어울렸다. 영화와 연극이 다른 점이 영화는 과학의 발달과 함께 조명이라든가, 컴퓨터 그래픽을 통한 가상의 장면을 표현할 수 있지만, 연극은 오로지 배우의 연기로 관객들을 울리고 웃기기도 해야 하는 것이 다르지 않을까.

염장이 유 씨는 대대로 염습을 가업으로 살아온 집안 이야기다. 선대 할아버지는 이순신 장군의 염을 했을 정도로 유명했단다. 자신을 마지막으로 천한 직업을 자식에게는 물려주지 않으려 아들을 멀리 타지로 보냈지만, 불의의 사고로 아들을 염해야 하는 운명을 지닌 한 많은 염장이 이야기다.

사람이 죽으면 몸을 깨끗이 닦는다. 마지막 여행길에 깨끗한 모습으로 유지하기 위함이다. 하얀 속옷을 입히고 미리 준비한 베옷을 입힌다. 입, 코, 귀 등 구멍을 솜으로 막는다. 헝겊으로 끈을 만들어 움직이지 못하도록 꽁꽁 결박한다. 장례 예식을 치르기 위한 입관 절차를 연기로 보여 준다.

등허리가 흠뻑 젖을 정도로 온몸으로 연기에 몰입하고 있는 늙은 배우의 얼룩진 등을 바라보며 또 다른 감동이 밀려온다. 한 가지 흠이라면 무거운 주제를 벗어나려는 의도인 듯 관객들에게 억지웃음을 주는, 주제와는 어울리지 않는 농담으로 배우가 흘린 땀이 빛이 바랜 느낌으로 아쉬움이 다가온다.

"사람은 누구나 한번은 죽어, 근디 땅에만 묻혀 버리고 살아남은 사람 가슴에 묻히지 못하면, 그게 진짜 죽는 거여……."

하얀 벽으로 둘린 작은 무대 위에 늙은 배우의 독백이 공간에 흩어진다. 가슴을 울리는 말의 의미를 되새기며 단어 하나하나에 마음이 흔들거린다.

배우의 독백처럼 나는 누군가 다른 사람의 가슴에 남을 만한 존재로 살아가고 있는 걸까. 가족 외에 나를 기억해 주는 이도 있을까.

죽는다는 건 무엇을 의미하는가. 시간의 멈춤인가, 의식의 사라짐일까.

내가 쌓은 모든 인연과의 단절을 의미하는 것인가. 사후 세계는 정말 존재하는 걸까. 종교에서 말하는 사후 세계란 산 사람들이 죽음에 대한 공포에서 벗어나려 만들어 낸 가상의 공간은 아닐까. 수없이 많은 의문이 스쳐 간다. '돌아가셨다'라는 말은 어디로 돌아가셨다는 말일까. 우리가 태어난 곳으로 돌아가는 것은 무엇을 의미하는 걸까.

모든 생명은 기쁨으로 탄생하여 눈물로 소멸한다. 내가 알지 못하는 할아버지의 할아버지도 그렇게 나서서 눈물 속에 가셨을 테고, 추억이 남아있는 할아버지, 할머니도 그렇게 돌아가셨다. 아버지 역시 빙 둘러싸인 가족들의 오열 속에서 떠나신 지 꽤 오랜 시간이 흘렀다. 어머니도 기력의 쇠해지는 정도로 봐서 얼마 안 있어 아버지 곁으로 가실 것 같다.

나는 할아버지, 아버지의 마지막 모습을 옆에서 지켜보았다. 할아버지는 언제 숨이 끊어졌는지도 모르게 마지막 숨을 삭이셨다. 작은할아버지께서 할아버지 코에 손을 대보시고는 하얀 천으로 덮는 모습이 마지막이었다.

아버지께서는 온 가족이 지켜보는 가운데, 가장 늦게 손자가 학교에서 돌아와 손을 잡으니 참았던 숨을 한꺼번에 쉬듯 숨을 깊이 들어 마신 후, '쿵' 하고 내쉬는 것이 마지막이었다. 마지막 숨소리가 얼마나 크게 들리던지 내 가슴을 후벼 팠다. 제발 한 번만이라도 더 들리기를 간절히 바랐지만, 그것으로 아버지와의 인연은 마지막이었다. 그렇게 허무하게 가셨다.

　몇 번 꿈속에서 본 모습은 평소와 다름없는 평화로운 모습이었다.
　가끔 아버지가 보고 싶은 마음에 불쑥불쑥 찾아가 보지만, 잔디밭에 세워진 차가운 작은 비석뿐. 어쩌면 먼 훗날에 기술의 발달로 살아있는 모습을 그대로 볼 수 있는 날이 올지도 모르겠다. AI를 활용한 모습을 가끔 텔레비전에서 보았지만, 아직 실감이 나지 않는다.

　우리는 돌아가신 조상들을 위하여 죽은 날에 음식을 장만하여 제사를 지내며 고인을 추모한다. 보통 '현 고 학생부군 신위'라는 지방을 써 붙이고 절을 했지만, 아버지가 돌아가시고 제사를 물려받은 뒤부터는 그것이 아무 의미가 없는 것 같아 지방 대신 사진을 올려놓고 절을 한다.
　어쩌면 보고 싶은 간절한 마음에 사진으로 대체했는지도 모르겠다.
　사진에 절을 하는 자식들을 흐뭇하게 내려다보고 계실 거라는 상상을 하며 살아생전 기억을 끌어모아 추억한다.
　"죽는다는 것은 목숨이 끊어진다는 것이지, 인연이 끊어지는 것이 아니야.", "잘들 가시게나."라는 대사로 연극은 막을 내렸다.

(2024. 9)

새벽을 여는 사람들

 하늘 위로 검은 장막을 친 듯 어둠이 온 천지를 덮고 있다. 아침이면 소란스럽던 새들도 아직은 꿈속에 있는 듯 조용하다. 빛이 어둠을 몰아내려면 삼십 분 정도 시간이 더 필요할 듯하다. 주차장을 빠져나와 도로변으로 나와도 주변 상가 역시 검은 침묵 속에 잠겨 있다. 유일하게 24시간 편의점 불빛만이 외로이 빛나고 있었다. 우회도로 가까이 오니 지나온 풍경과는 딴판이다.
 꼬리를 길게 물고 늘어선 자동차 행렬 끝이 길다. 이 많은 차량의 목적지는 어디일까. 시내에 있는 차들이 모두 이곳으로 몰린 듯했다. 나도 맨 끝에 꼬리를 물었다. 시내를 벗어나 고속도로처럼 반듯하게 닦아진 우회도로에 들어섰다. 양옆으로 밤새 어두운 도로변을 밝히느라 노곤해진 가로등 불이 피곤한 모습으로 졸고 있었다. 감기는 눈을 비비며 지나가는 자동차 안전을 감시하듯 외로이 비치고 있었다.
 얼마간 시간이 지나 어둠이 물러가면 밤새 지친 몸으로 휴식을 기대하고 있는 모습이다. 길옆으로 할 일을 끝낸 논에는 잔설이 남아

희끗희끗 차창을 스치며 날이 밝아오기를 기다리고 있었다.

　전에는 시내를 지나가는 길로 출퇴근했었다. 계묘년癸卯年을 맞이하는 새해 첫 출근이니 좀 더 빠른 길을 찾아보려 우회도로를 택했다. 한적한 일반도로에 비하여 우회도로에는 차들이 빼곡하게 줄지어 있었다. 시 외곽으로 출근하는 사람들의 행렬이다. 시내 방향으로는 주로 소비처나 관공서 위주로 가는 차량이라면, 외곽 쪽으로 가는 차는 생산에 직접 관련이 있는 공단으로 가는 사람들이다. 산업 역군들이다. 이분들이 실질적으로 새벽을 여는 사람들이다. 먼저 공단에서 새벽을 열어 빛을 받아 시내로 전달하는 느낌이다. 우리가 살아가는 힘의 원천이 이곳에서부터 만들어지고 있었다.
　우리가 먹고사는 힘을 축적하는 곳도 이곳이고, 이 도시가 지탱할 수 있는 기본을 만드는 곳이다. 이곳에 먼저 불을 밝혀야 한다. 그래야 도시가 유지된다. 밤새 불이 꺼지지 않은 곳이 많았을 게다. 또 다른 동료들이 밤새 불이 꺼지지 않도록 지키고 있었을 게다. 지금 출근하는 사람들은 밤샘한 동료들이 쉼터로 돌아갈 수 있도록 교대하려는 사람들일 것이다. 우리가 살아갈 수 있는 기본을 만들어 주는 산업의 최일선에서 일하는 사람들이다.
　나 역시 작지만, 아침을 열어가는 행렬에 동참하고 있다는 사실에 뿌듯한 기분이다. 비록 내가 밝히는 불빛은 우리 삶에 힘을 만드는 곳은 아니지만, 우리의 미래를 책임질 인재들이 있는 학교 정문에 불을 밝히러 가는 중이다. 불을 밝히지 않아도 선생님들이나 학생들도 길을 잃지 않고 찾아오겠지만, 불을 밝히고 있으면 먼 항해에 지친 배들이 등대 불빛을 발견했을 때의 안도감으로 항구에 들어오듯, 멀리서 학교 정문에 불이 켜져 있는 것을 본다면, 더 편안한 마음으로 올 수 있지 않을까. 캄캄한 텅 빈 초소를 지나치는 것보다 불빛을 밝히고, 사람 체온이 있는 곳을 지나치는 것이 더 포근할 듯하다. 작지만 그런 존재가 되고 싶어 출근길을 서두른다. 우회도로를 선택한 것이 신의 한 수였다. 평소보다 10분 일찍 도착하여 불을 밝히고 밤새 얼어있던 초소에 히터를 켜 좁은 공간에 온기를 불어넣는다. 이른 아침에 들어오는 차량이라야 선생님들과 학생을 태우고 오는 학부모들, 구내식당에 오는 납품업체들이다. 많지 않지만, 시골길 한적한 곳에 불빛을 보고 반가움을 느끼리라 믿어 본다.

  그렇게 토끼해 첫 출근의 아침은 열리고 있었다. 올 한해에는 무엇을 하고 무엇을 얻으며 어떤 한 해가 될 수 있으려나. 앞에 오는 한 해의 모습을 상상하며, 모든 사람이 행복할 수 있는 한 해가 되기를 기원해 본다.

  어느새 어둠은 힘을 잃어가며 서서히 사그라지기 시작한다. 동쪽 하늘 끝에서부터 서서히 붉은 기운이 비친다. 이렇게 하루가 열리며, 한 달이 일 년이 시작되고 있다. 우회도로에서 지나쳤던 그분들의 힘으로 하늘이 열리나 보다. 빛은 점점 시내 쪽으로 비치며 많은 사람에게 생기를 불어넣어 깨우고 있다. 상쾌한 아침햇살을 받는 모든 분의 행복한 하루가 시작하기를 기원한다.

(2023. 1)

과유불급 過猶不及

이른 봄날, 솜털 같은 부드러운 햇살의 유혹으로 텃밭을 향했다. 가는 길목 묘목상에는 우리가 먹을 수 있는 푸른 생명들이 모두 한자리에 모여 재잘거리고 있었다. 상추, 고추, 가지, 오이, 참외 외에도 이름도 알 수 없는, 잎을 먹는 건지 뿌리를 먹는 건지도 모르는 초록색 식물도 한 자리 차지하여 간택을 기다리고 있었다. 나는 눈에 보이는 상추, 가지, 토마토, 참외를 몇 포기씩 골라 봉지에 담았다.

언제나 새 생명을 마주할 때면 가슴이 설렌다. 새로운 생명의 탄생은 동. 식물을 떠나 모든 생물에게 축복이다. 주변에 아무리 흔한 잡초일지라도 새롭게 시작하는 새싹은 신비롭다. 작은 씨앗에서 생명이 움터 무럭무럭 초록빛을 더하며 자라는 모습은 경이롭기까지 하다. 깊이도 알맞게 파고 물을 주어 정성껏 심었다. 며칠 후 아기가 젖살이 올라 토실토실하게 방긋이 웃는 모습으로 새 생명들이 자리를 잡아 제법 푸른빛이 짙어지며 잎을 꼿꼿이 세웠다.

여느 해보다도 더 튼실하게 자리 잡은 모습에 뿌듯했다.
 마치 새 생명을 내가 만들어 낸 듯 우쭐하기까지 했다. 언제나 기분이 고조되었을 때를 조심해야 한다. 얼른 크는 모습도 보고 싶고, 더 많은 열매가 주렁주렁 열리기를 기대하며, 조급한 마음을 가득 담아 복합비료를 한 포 사 왔다. 작물 뿌리 주변에 한 움큼씩 주었다. 올해는 토마토와 참외도 주변에 자랑할 만큼의 수확을 기대하며 들뜬 마음으로 뿌렸다.
 일주일 후 토요일 아침, 일찍 텃밭을 향했다. 새 생명들의 짙어가는 푸른 잎을 상상하며 콧노래까지 흥얼거리며 달려갔다. 차에서 내리자마자 텃밭으로 향했다. 순간 눈을 의심했다. 참외는 잎이 노랗게 말라서 반은 죽어 있었고, 토마토는 순과 잎이 목이 졸려 숨이 막히는 듯 뒤틀려 있었다. 무슨 일인가? 눈앞의 현실이 믿어지지 않았다. 잠시 머리가 혼란스러웠다. 여기저기 전화를 걸어 물어봤다. 비료 탓이란다. 요소비료가 아닌 복합비료 줬을 뿐인데? 복합비료라도 뿌리 근처에 가깝게 주면 안 된단다. 내 짧은 농사지식이 부끄러워졌다.
 어떡해야 하나. 기다려 보는 수밖에 없단다. 참외는 시름시름 앓더니 노랗게 마른 잎이 떨어지고 다시 새잎이 나오며 살아나기 시작했다. 몸살을 앓느라 늦어지긴 했지만, 열매를 볼 수 있을 것 같아 다행스러웠다. 토마토는 키는 크는데 잎이 돌돌 말리며 비틀거려 목이 졸려 숨이 막히듯 줄기가 기형으로 열매가 달리지 않았다. 그나마 한 포기는 그 자리에 주저앉아 고사 직전으로 숨을 헐떡이며 몰아쉬고 있었다. '과유불급.'이라고 또다시 성급한 욕심이 화를 불렀다. 파릇파릇한 새 생명의 목줄을 죄었나 보다.

비틀어지는 토마토 줄기를 바라보며 며칠 전 엘리베이터에서 만난 어린이의 까만 눈동자가 스쳐 갔다. 오후 늦은 시간 엘리베이터를 타고 오르는데 1층에서 5학년쯤 되는 여자 어린이가 탔다.
"안녕하세요" 인사도 풋풋하니 귀엽게도 했다. 가방을 메었기에 "어디 갔다 오니? 친구랑 놀다 오니?", "아니요, 학원 갔다 와요", "저녁 먹고 또 영어학원 가야 해요" 묻지도 않은 대답을 또박또박 했다. "몇 군데나 다니니?", "밤까지 네 군데 다녀요." 한다. '사교육 망국론'까지 거론되는 현실이었지만, 서울의 몇몇 부잣집 얘기인 줄 알고 무시했는데 내 주변 얘기였다. 이해가 되지 않았다.

아무리 교육열이 높은 우리 민족이라지만 한두 군데도 아니고 온종일 아이를 몰아붙이다니. 안 다니면 된다고 했지만, 주변이 모두 다녀 어쩔 수 없이 다녀야 한단다. 그래야 낙오되지 않는다고 한다. 원어민 강사가 하는 영어학원은 수강료가 백만 원이 넘는단다. 어린이 부모들은 사교육비를 어떻게 감당하고 있는 것일까.

지금까지 사교육 적폐의 실상을 나만 모르고 있었나 보다. 몇 년 후, 이제 설설 기어 다니기 시작한 쌍둥이 손자들의 사교육비는 아들이 어떻게 감당할 것인가. 고사리같이 귀여운 손자들이 얽매인 생활은 어떻게 수용할 것인가. 갑자기 갑갑함이 몰려온다.

일부 극성 학부모들은 초등학교 때부터 '의사고시반'이란 것을 만들어 아이들을 몰아붙인다니 뭔가 잘못돼도 한참 잘못되었다는 생각이 든다.

출산율이 세계에서 꼴찌라고 온 나라가 걱정이다. 젊은 부부들이 육아가 육체적으로 힘들어서 아이 낳기를 꺼리나 보다.라고, 생각했는데, 오해였다. 내 집 마련에 사교육비를 감당할 자신이 없어 아기를 갖지 않는단다.

얼마의 지원금으로 출산율을 높이려는 정부 정책에는 한계가 있는가 보다.

비료에 취하여 비틀거리는 토마토 줄기에서 어린이의 눈동자가 겹치는 이유는 무엇일까. 그 어린이도 몇 년 후에 토마토처럼 제대로 자라지 못하고 비틀거리는 일은 없을지 걱정이 앞서는 것은 나만의 괜한 기우杞憂일까?

어린이의 맑은 눈동자가 지켜질 수 있기를 기원하며, 붉게 물들어 가는 저녁 하늘을 바라본다.

(2024. 6)

그루터기의 삶

시내를 벗어나니 온 들판이 황금빛이다. 눈이 부시다. 가을의 멋은 울긋불긋 물들어 가는 단풍잎과 노랗게 고개 숙여 출렁이는 황금 들판이겠다.

황금빛 속에는 한 알의 볍씨가 물과 햇볕을 만나 싹을 틔우고, 비바람을 맞으며 시련을 이겨낸 알곡이 가득 찬 결실이다. 그 속에는 농부들의 땀이 녹아 있고, 물과 햇살과 바람이 만들어 놓은 양분들이 스며들어 만든 결과다. 가을은 농부들의 땀과 시련으로 만들어 놓은 결과물을 수확하는 풍성한 계절이다. 황금빛 들판이 콤바인 뒤를 따라, 롤 케이크 벗겨지듯 안쪽으로 점점 좁혀지며 사라진다. 콤바인이 지나간 자리엔 질서정연하게 줄을 맞춰있던 벼 줄기의 흔적들이 그루터기로 초라하게 남겨진다.

바싹 마른 논바닥으로 빗방울이 떨어진다. 며칠 먼저 수확한 이웃 논에는 벌써 파란 새싹이 오밀조밀 고개를 내밀다 차가운 빗줄기를 맞이한다.

그루터기 새싹들은 달콤한 생명수로 여기며 온몸으로 받아들이지만, 여린 새싹들은 곧 닥쳐올 추위에 목숨을 잃는다는 것을 알 길이 없다.

　초라한 모습으로 남겨진 그루터기의 작고 파란 새싹은, 볍씨가 처음 물을 만나 뿌리를 내리고 새싹으로 세상을 나오던 날을 기억할 수 있을까.

　물이 부족하여 여린 생명이 끊어지지 않을까, 노심초사 밤잠 설치며 새벽바람 가로질러 물길을 터 주었다. 경험 부족으로 제초제를 제대로 뿌리지 못하여 잡초(피)가 가득했다. 지나는 사람마다 "뭔 농사를 저렇게 짓는 거야" 하며 혀끝을 찼다. "뽑아야 한다.", "아니다 저렇게 많은 걸 어떻게 다 뽑나, 낫으로 베어야 한다." 뜻하지 않은 농부들 간 논쟁을 불러일으키며 지은 첫 농사. 감추고 싶은 잡초는 벼가 익어갈수록 위로 치솟아, 멀리서도 확연히 드러나 더욱 민망하게 만들었다. 피 덕분에 주변에 모르는 사람이 없을 정도로 선진 농부(?)로 등극했다. 벼가 결실한 후에도 날씨마저 첫 농사를 어렵게 하였다. 벼가 익어갈수록 무거운 몸을 유지하기도 버거운데, 뜻하지 않은 태풍이 연거푸 몰아쳐 기진맥진한 벼는 몸을 가누지 못하고 쓰러져 누워있던 날도 며칠째인가. 많은 고난을 겪은 후에 황금빛으로 결실을 보아 수확하는 첫 농사의 기쁨도 그루터기와 함께 추억으로 남는다.

　수확의 기쁨을 뒤로 하고 계절을 잊은 듯, 남겨진 그루터기 새싹들은 자신들의 운명을 얼마나 알고 있을까. 지금 쏟아지고 있는 겨울비가 지나고 나면 추위는 여린 새싹 위로 덮칠 거다. 그러면 새싹들은 소금물에 절인 배춧잎처럼 힘을 잃고 쓰러져 생명을 다할 것이다. 그렇게 짧은 생을 마감하는 그루터기의 새싹들은, 벼를 수확하고 남겨진 덤으로 사는 삶이라고 누구라도 기억해 주는 사람이 있을까. 죽은 듯 바싹 마른 그루터기에서 새싹들이 파릇파릇 싹을 틔우고 있는 것은 어떤 의미가 있는 삶이란 말인가. 자투리로 사는 아무 의미 없는 벼의 일생 중 일부분인가. 어쩌면 아무런 의미 없이 따스한 바람의 유혹을 뿌리치지 못하고 태어난 부질없는 생명인지도 모르겠다.

며칠밖에 살지 못하리라는 것을 아는지 모르는지 파릇파릇 자라나는 것이 무모하다. 눈앞에 다가오는 죽음을 알지 못하는 것 같아 안타깝다.

세상의 모든 존재하는 것들은 존재 자체만으로도 가치가 있다고 하는데, 태어나자마자 죽어가는 그루터기 새싹의 삶은 어떤 존재로 태어나, 어떤 흔적을 남기고 사라지는 것인가. 제대로 살아보지도 못하고 운명을 다해야 하는 슬픔 뒤에 숨은 의도가 궁금하다. 천지를 창조했다는 창조주께서 어떤 목적으로 그루터기 새싹들을 만들었겠지만, 우리는 알 길이 없다.

어디 그루터기 운명만 그러하랴. 전성기를 지난 나의 삶도 한 발 떨어져 바라볼 수 있다면 별반 다르지 않을 것 같다. 치열했던 삶의 현장에서 한발 물러나, 퇴직 후 무심이 살아가는 것이 나의 모습 아니던가. 겨울비를 바라보며 공허함을 감추지 못하고 있는 나는 어떤 존재로 살아가고 있는 것일까. 그루터기 새싹이 결실 후에 남은 삶에서 아무 의미 없이 덤으로 살다 가는 것처럼, 나 역시 무엇 하나 이루어 놓은 일 없이 하루하루 세월을 허비하는 것을 보면 그루터기 삶과 같다고 생각해본다. 그루터기 새싹들의 삶이 계절의 흐름 속에 사라지듯이, 나 역시 흐르는 세월 속으로 떠밀려 허우적거리며 할 일 없이 연륜만 더해가는 것은 아닌지. 덤으로 사는 삶이 아닌 알찬 하루를 엮어야 한다고 다짐해 보지만, 공허한 결심의 반복일 뿐이다.

공자님이 말씀하신 60세가 되면 천지만물天地萬物의 이치에 통달하고, 듣는 대로 모두 이해할 수 있게 된다는 이순耳順도 지났건만, 아직도 사는 방법을 깨닫지 못하고 휩쓸러 오는 세월에 묻혀 허우적거리는 삶이 부끄럽다.

겨울비가 수확 끝난 황량한 들판에 하염없이 쏟아지며 추위를 재촉한다.

이 비가 그치고 나면 그루터기의 새싹은 생을 마감할 것이다.

파릇파릇 돋아나는 그루터기 새싹을 공허한 마음으로 바라본다.

(2019. 12)

벼의 일생

　모처럼 아내와 함께 나들잇길에 나섰지만, 마음은 여느 나들이 때처럼 가볍지 않다. 요양원에 계신 장모님을 뵈러 가는 길이기 때문이다. 장모님이 아흔하고도 네 살이나 더 드셨는데 치매로 요양원에 계셨다.
　시내를 지나 들판으로 나오니 말 그대로 황금물결이다. 금세 마음이 가을 아침 안개 걷히듯 환해진다. 한편으론 저렇게 아름다운 풍경을 만들어지기까지는 얼마나 많은 농민의 땀이 녹아들었을까? 하는 생각에 고개가 숙어진다. 벼도 '농민들의 정성 어린 보살핌 덕분에 풍족한 결실을 보았다.'라고 인사하는 것처럼 고개를 숙이고 있다.
　우리가 먹는 쌀이 탄생하기까지의 과정은 지금은 모두 기계화되었지만, 얼마 전까지만 해도 모든 과정을 직접 손으로 했다. 온 가족이 모여 못자리를 만들던 추억이 노란 물결 위로 떠 오른다. 아버지께서는 황토를 채로 걸러 곱게 만들고, 나는 그 흙을 삽으로 모판에 담으면, 어머니께서는 볍씨를 모판에 고루 뿌리고 약간의 흙으로 덮는다. 그러면 동생은 모판을 날라 한쪽에 쌓아 놓는다. 못자리 만들기는 동네 이웃과 함께해야 했다. 바람이 없는 날을 택하여 미리 만들어 놓은 못자리에 씨 뿌린 모판을 가지런히 놓는다.

　모판이 놓인 못자리 위로 대나무 활대를 꽂아 비닐을 씌워 작은 비닐하우스를 만든다. 바람이 많이 부는 날이면 모든 사람이 날아가는 비닐에 매달려 고정하느라 바람 소리, 비닐 날리는 소리에 정신이 없다. 봄날의 오후에는 봄바람은 왜 그리 심하게 나부대는지. 그래서 어른들이 '봄바람이 무섭다'라고 하셨나 보다. 그렇게 30일을 키운 모를 논에 옮겨 심는 모내기를 한다.

　동네 사람들이 모두 모여 품앗이로 모를 심었다. 못줄 앞에 일렬로 서서 못줄에 맞춰 심었다. 중간쯤에는 동네에서 목청이 으뜸인 아저씨께서 북을 치며 농요를 불러 힘들지 않도록 흥을 북돋웠고, 할아버지께서는 모를 지게로 날라 중간중간으로 던져 놓으시는 모진애비를 하셨다. 나는 논두렁에 앉아 구령에 맞춰 못줄을 잡는 일로 동참하였다. 어머니께서는 음식을 광주리에 가득 담아 머리에 이고, 여동생은 막걸리 주전자를 들고 꼬불거리는 논두렁길을 조심스럽게 나왔다. 개울 둑 나무 밑에 둘러앉아, 할아버지께서는 밥 먹기 전 '고수레'하며 밥을 반 숟가락 정도를 논으로 던지시는 모습이 신기했다. 김이 모락모락 나는 눈부신 하얀 쌀밥을 먹었던 추억이 아득하다. 명절날이나 할아버지 생신 등 쌀밥을 실컷 먹어보는 며칠 안 되는 날 중의 하루였다. 이웃에 혼자 있는 어르신이나 아이들도 불러 옆에 자리를 차지하여 함께 먹었던 풍경이 한 폭의 그림처럼 정겹다.

따스한 봄 햇살 아래 정겨운 농촌의 풍경이 김홍도의 그림처럼 포근하게 다가온다. 그렇게 온 동네가 함께 잔치로 모내기하였지만, 지금은 이앙기에 모만 옮겨 주면 못줄에 맞춰 심는 것보다 더 정확하게 일정한 간격으로 금세 푸른 물결로 변한다. 그렇게 쉽게 모내기하여 편리했지만, 왠지 허전한 미련이 남는 것은 옛날 모내기 풍경에 대한 향수 때문일까.

그렇게 하여 150일 정도 물 대기 등 정성을 다하면 지금처럼 황금 들판으로 변한다. 수확 역시 예전에는 동네 모두가 모여 품앗이로 했지만, 지금은 콤바인으로 이발하듯 추수하고 말려서 도정하면 하얀 쌀이 되어 우리 식탁에 오르게 되는 것이다. 아름다운 풍경으로 눈도 즐겁게 해주고, 먹고 살 수 있는 양식도 만들어 주는 농민들의 땀방울에 새삼 감사의 마음이 스친다.

농사란 경제 논리로 따져서 안 되는 생명산업이란 생각이 새삼스럽다.

어느 경제학자는 '자동차 한 대만 팔면 얼마나 많은 쌀을 살 수 있는데 그 고생을 하며 농사를 짓느냐'라고 한 말이 떠오른다. 파란 바다 같은 벼 잎의 물결들을 바라보며, 경제 논리를 떠나 우리가 얻을 수 있는 소중한 것들을 생각해 본다. 먼저 푸른 벼 잎에서 생산되는 공기 정화 기능, 물을 저장하여 수해를 예방하는 저수 기능, 푸르른 물결로 인한 정서 함양 기능. 이런 무한한 가치들을 과연 돈으로 계산할 수 있는 것들일까. 여러 가지 공익적 기능까지 있다는 걸 모르고 하는 그분들도 농업을 이해하는 날이 왔으면 좋겠다.

심란한 마음을 떨치기 위해 풍요로운 황금 들판에 눈길을 주고 이런저런 생각에 잠기다 보니 어느덧 요양원에 도착했다. 해맑은 얼굴에 해탈의 눈빛으로 우리를 맞으시는 장모님께서는 귀가 어두워 잘 알아듣지는 못하시지만, 얼굴 가득 반가움을 표하신다. 자손으로서의 죄스러운 마음을 감춰 보려 여기서는 목욕도 자주 해드리고, 말벗 동무들이 있어서 집보다는 훨씬 나으실 거라고 스스로 위안해보지만, 한편으로는 씁쓸함을 감추지 못하고 창밖에 매달린 나뭇잎으로 눈길을 주어본다.

　벼들은 일생을 농부들의 힘으로 저토록 아름다운 결실을 보아 풍성한 수확을 기다리고 있는데, 장모님은 벼의 일생보다 아흔네 번이나 더 사셨는데 평생 얼마만큼의 수확을 이루셨을까. 일찍 홀로 되시어 5남매를 지켜 오신 수확 외에 또 다른 수확이 있으려나. 지금의 마음은 어떤 마음인지, 장모님처럼 오래 살아보지 못하여 장모님의 마음을 헤아려 볼 수 없음이 안타깝다. 어이 늦지 않게 얼른 가라고 장모님이 손짓하신다. 장모님의 손을 놓지 못하고, 해맑은 장모님의 눈빛을 바라보는 아내의 눈가에 맺혀진 눈물방울이 거북등처럼 변한 장모님 손등으로 '뚝뚝' 떨어졌다. 서산으로 기울어 가는 노을에 비친 아내 눈가의 주름이 클로즈업되어, 또다시 내 마음을 노랗게 물들였다.

(2017. 10)

Ⅱ. 12사도 길

12사도 길

외갓집 가는 길

상견례

며느리 구하기

쌍둥이 상봉기

걸음마

서예

최고의 하루

초보농부

아카시 향기 속에서

12사도 길

비는 하염없이 쏟아지고 있었다. 겨울비답지 않게 여름 장마처럼 쏟아진다.

고속도로를 달리는 차의 창은 빗줄기에 더하여 바퀴에서 뿜어내는 물보라가 깊은 안개 속을 달리는 듯 아득하다. 모든 신경을 집중하여 전방을 주시한다. 구름 속을 달리듯 그렇게 목포를 지나 신안송공항구에 도착했다.

비는 여전히 진행 중이었다. 1,004개의 섬으로 이루어져 '천사의 섬' 신안이란다. 스페인의 산티아고 순례길을 연상하여 '섬티아고'라 불리는 소악도 12사도 길로 출발했다. 배는 비가 그쳐가는 속도에 맞추려는 듯, 달팽이가 배밀이 하는 속도로 천천히 미끄러져 갔다. 40분을 달려 옹기종기 작은 섬 소악도에 우리 둘만을 매미가 허물 벗고 탈출하듯 그렇게 내려놓고 사라졌다. 평일이고 날씨 탓인지 관광객은 물론 섬 주민도 보이지 않았다.

무인도에 온 듯 바닷가에 우리 둘만이 덩그러니 남겨졌다. 둘이 함께 고행하듯 오락가락하는 빗속을 걸었다. 이번 순례길에서 건성건성 다니는 성당에 애착을 느낄 수 있도록 마음을 다잡을 계획이다. 연륜이 더해질수록 나약해지는 마음을 절대자에게 의지하고, 위안을 얻고자 하는 것은 인간의 본성인가 보다. 풍광이 아름다운 해안 길을 따라 예수님의 열두제자 이름을 붙인 장난감처럼 작은 기도소를 예술가들이 만들었단다. 멋있는 건물도 아니고 겨우 두세 명이 들어가기도 할 수 있는 좁은 공간이다. 외관만은 조금 특이하게 멀리서도 보일 수 있도록 서구적인 모양으로 꾸며졌다. 우리는 열두 번째 가롯 유다의 집으로 향했다. 숙소가 섬 북쪽 끝 대기점도에 있어, 남쪽 끝 소악 도에서 순례를 시작해야 했다. 바다가 훤히 보이는 해안가 언덕에 열 번째 사랑의 집에서 발아래로 푸른 바다를 내려다보며 기도했다.

태어난 지 5개월째로 이제 뒤집기를 시작한 쌍둥이 손자가 무럭무럭 건강하게 잘 자라기를 기원했다. 썰물로 생긴 섬과 섬이 연결된 길을 따라 걸었다. 소악도, 기점도, 대기점도 세 개로 이루어진 아담한 섬이다.

밀물 때는 세 개의 섬으로 분리되었다가 썰물 때가 되면 한 개의 섬으로 연결된다. 섬과 섬 사이에 썰물 때에 걸어서 다닐 수 있도록 논두렁처럼 길을 만들어 왕래하고 있었다.

유네스코에서 생물권보존지역으로 지정했다는 넓은 갯벌 사이를 논둑길처럼 꼬불꼬불 걸었다. 멀리 갯벌에는 두세 명의 아낙들이 낙지를 잡는 건지 조개를 잡는지 연신 허리를 굽혔다 폈다. 하는 모습이 그림처럼 펼쳐졌다.

진흙탕 위로 넉넉하지 못한 어촌 아낙들의 노곤한 삶이 보이는 듯했다.
　언덕을 지나 소나무가 울창한 숲속에 있는 동양의 해학적인 곡선과 서양의 스탠드 글라스가 물고기 모형으로 어우러지진 지혜의 집에서 두 손을 모았다. 아흔다섯 번째 생일을 맞으시는 동안 고생만 하신 어머님의 마지막 길에는 아무런 고통 없는 편안한 길이 될 수 있길 기원했다.
　바닷가 꼬불거리는 산책길을 따라 작은 구릉을 지나 갯벌이 끝없이 펼쳐지는 방파제에 빨간 지붕이 그림 같은 둥근 기도 소에서는 사십 년 동안 말없이 내 곁을 지켜주고 있는 아내에게 고마움을 전했다. 일부러 큰 목소리로 기도 했다. 눈물이 날 것 같은 분위기를 애써 감추려는 마음에서였다.
　그렇게 12킬로를 걸어 마지막 대기점도 선착장에 있는 첫 번째 요한의 집에서 마무리 기도를 했다. 지금까지 나를 존재할 수 있게, 모든 것을 지켜주고 지원해 준 감사 기도로 마무리했다. 이제는 좀 더 큰마음으로, 넓은 마음으로 내일을 살고 싶다는 마음을 기원했다.
　요한의 집을 나서며 방파제에 부딪치며 출렁이는 파도를 바라본다. 인간의 욕심은 끝이 없다고, 마지막으로 염치없지만 한 번 더 간절하게 기원했다.
　딸이 바쁘다는 핑계로 육 년째 보여주지 않는 외손자도 안아보게 해달라고 속삭이듯 되뇌었다.
　순례를 마치니 하루가 서쪽 바다 밑으로 저물어 간다. 구름이 잔뜩 낀 바다 위로 어둠이 서서히 다가오고 있었다. 어둑해지는 해안 길을 따라 민박집을 찾았다. 작은 섬에는 변변한 숙박시설도 식당도 없었다. 몇 가구 안 되는 어촌마을에 늘어나는 관광객들을 맞이하여 허술한 시골집을 개조하고 보완하여 민박집으로 만들었단다. 모든 구조가 옛날식이다. 엉성한 문틈 새로 들어오는 웃풍이 세었지만, 방바닥만은 온돌방 특유의 뜨끈뜨끈한 입김을 뿜어내고 있었다. 인심 후한 민박집 아주머니의 정갈한 음식솜씨가 상상을 초월할 정도로 입에 달라붙었다.

 따끈한 온돌방에 등을 붙였다. 우리는 각자의 핸드폰에 시선을 내리꽂고 있었다. 말없이 옆에 있어도 불편을 느끼지 않는 사이로 변신한 것은 언제부터일까. 처음 만나 손잡고 다닐 때는 많은 대화를 주고받았었다. 잠시라도 대화가 끊어지면 왠지 어색하고 불편했다. 그래서 아무 의미 없는 농담이라도 둘 사이의 공간을 채우곤했다. 언제부터인가 대화가 사라졌다.

 둘 사이에 필요 없는 장벽이 무너진 것일까. 많은 것을 이심전심으로 공유한다는 의미인가. 아니면 무슨 일이든 관심 밖이란 의미인지도 모르겠다.

 언젠가 '노을에 띄운 사연들'이란 책에서 본 글귀가 생각난다. '사랑이란 아무 의미 없는 내용이라도 대화를 하여야 하고, 타다 남은 지푸라기 재 같은 온도일지라도 체온이 있어야 이루어지는 것이다.'

 사방이 적막강산이다. 썰물 때인지 파도 소리조차 들리지 않는다. 오늘따라 텔레비전마저 침묵을 강요하고 있었다. 따끈한 온돌방의 온기를 온몸으로 받으며 추위 속에 노곤한 육신을 솜털처럼 풀어 헤치고 있었다.

앞뒤 사방이 갯벌이다. 수평선을 향하여 발이 푹푹 빠지는 갯벌 속을 헤집고 들어갔다. 캄캄하다. 진흙 속으로 온몸이 빠져들어 간다. 진흙 속에서 낙지도 만나고 갯지렁이와 홍합 옆을 지났지만, 누구도 말을 걸지 않았다.

허우적거리며 넓은 바닷속을 들어간다. 점점 깊은 나락 속으로 빠져든다.

여기가 어디쯤일까. 신안 송공항 선착장에서 소악도를 향하여 배를 탔으니 남해안 작은 섬인 것만은 분명한데 아득하다.

낯선 섬에서 밤은 점점 갯벌 속으로 빠져들어 간다.

(2024. 2)

외갓집 가는 길

함박눈이 밤새 쏟아졌다. 어제 내리다 만 눈이 미련이 남은 듯 아직도 간간이 춤추듯 내린다. 주변이 모두 하얗다. 추수 끝난 황량한 들판에도, 앙상한 가로수에도 모두 하얗게 덮었다. 눈길을 조심하며 시골길을 달렸다.

방지 턱을 넘을 때마다 바다에서 방금 건져 온 해초가 출렁인다. 국물이 밖으로 흐르지는 않을까 노심초사하며 속도를 줄였다. 조심은 한다지만 출렁일 때마다 구수한 미역 냄새가 좁은 차 안에 퍼진다. 남해바다 파도를 넘어온 해초 냄새인가. 동해바다 해저 깊은 곳에서부터 오는 푸른 파도 냄새인지도 모르겠다.

엊저녁 모임에 갔다 늦은 시간에 현관문을 들어섰다. 문을 열자마자 습한 공기가 안경 위로 넘친다. 가스레인지 위에서 뭔가 끓으며 김을 내뿜고 있었다.

"뭐 하는 겨?"

"미역국인데 내일 출근할 때 어머님 갖다 드려요"
"날씨는 춥고 눈이 쌓여 밥하기도 귀찮으실 텐데."

순간 아내에 대한 고마움에 뭉클했다. 나는 어머님이 뭐를 잡수시는지, 어떻게 지내시는지 가끔 전화만 하는 것으로 임무를 다한 것으로 착각하고 있는데, 아내는 현실을 보고 있는 것이었다. 평소보다 일찍 나섰다. 시골 어머니에게 들려 미역국을 드리고 출근해야 했다. 어제 많은 눈이 내려 미끄럽기도 하고, 아내가 꼼꼼하게 새지 않도록 테이프로 붙이기는 했지만, 냄비에 있는 미역국이 넘칠지도 몰라 천천히 달렸다. 오창을 지나 고향 가까이 다가가니 왼편으로 외갓집 동네가 보인다. 이제는 다 돌아가시고 외숙모 혼자 계신 곳으로 옆을 지나다니면서도 가 본 지 오래다. 외갓집은 우리 집에서 걸어서 30분 정도 걸리는 이웃 동네이었다. 외갓집 동네 앞을 지나가다 보니 지금은 모두 없어진 좁은 길로 걸어 다니던 추억이 어렴풋이 떠오른다.

언제였던가. 보름달이 환하게 세상을 밝히고 있었다. 춥지도 덥지도 않을 걸 보면 늦은 봄날이었던 것 같다. 엄마는 동생을 업고 나는 엄마 옆을 졸졸거리며 따라가고 있었다. 보름달은 내가 가는 길을 미리 알고나 있는 듯 따라오며 머리 위에서 비추고 있었다. 엄마가 갑자기 걸어가고 있는 나를 옆에서 꼭 껴안으셨다. 나는 귀가 아프다고 소리쳤다. 엄마는 왜 나를 아프게 하셨을까? 이상하다고 생각했지만, 뿌리친 기억은 없다. 옆에 논에서는 개구리가 달밤에 어디를 가느냐? 묻듯이 엄마 손길이 남아있는 귓가를 요란스럽게 파고들었다. 대낮처럼 밝은 보름달은 길을 비추며, 그림자를 길게 만들어 우리보다 한 발짝 앞서가고 있었다. 나중에 외할아버지 제사 지내러 가는 길인 것을 알았다.

좀 더 커서 초등학교 들어갈 때쯤이었던 것 같다. 그때도 외할아버지 제사 때였다. 엄마가 떼쓰는 나를 떼어놓고 동생만 데리고 외갓집을 가셨다.

이튿날 기다리다 못한 나는 사촌, 육촌 동생들까지 네댓 명을 데리고 좁은 길을 따라 외갓집으로 향했다. 외갓집 동네 앞에 방차 둑이 있었다. 나는 쑥스러워 방차 둑 밑에 몸을 숨기고, 동생을 시켜 엄마에게 가 보라 했다.

얼마 후 엄마가 오셔서 우리 모두를 데리고 가서 떡과 과자를 먹였다.

세월이 한참 지난 후에 엄마는 그날 올케 보기에 민망스러워 혼났다고 웃으면서 말씀하셨다. 그날 수숫대로 엮어 만든 외갓집 삽짝을 들어설 때 외할머니께서 하얀 치마저고리에 비녀를 꽂은 모습으로 환하게 웃으시며, 어서 오라고 손짓으로 반가워하셨다. 외할머니 돌아가신 지도 많은 세월이 흘렀다. 외갓집 동네에서 가까운 양지바른 곳에 잠들어 계시지만, 장례 날 이외에 한 번도 가 본 적이 없다. 외손자와 친손자 차이인 것 같다. 그래서 옛 어른들이 딸자식은 필요 없다 하여 남존여비男尊女卑 사상을 굳게 믿었나 보다.

그때 외갓집을 가던 꼬불꼬불 좁은 길에는 먼지가 뽀얗게 일어나고, 군데군데 파여 물이 고여 있었다. 곳곳에 돌부리가 있어 딴

짓하며 걷다가는 돌부리에 걸려 넘어지기도 했다. 길을 지나갈 때면 개구리는 물론 뱀도 심심찮게 보이던 길이었다. 중간쯤에 작은 시냇물도 있었다. 평소에는 맑은 물이 졸졸 흘러 징검다리로 건넜지만, 장마 때면 어른들이 업어 건너 줘야 학교엘 갈 수 있었다. 하굣길에는 검정 고무신에 붕어, 송사리를 잡아넣어 오던 시냇물이었다. 중학교 때였던가. 길옆으로 넓고 똑바른 신작로가 만들어지며, 좁은 길도 작은 시냇물도 자연스럽게 없어졌다. 시골길은 아스라한 추억만 덩그러니 남겨 놓고 사라졌다. 호젓하게 들려오던 개구리 소리도 푸른빛이 나던 달빛마저 추억 속에 묻히고 오로지 편리함만 남아있다.

걸어가던 외갓집도 자동차로 5분이면 간다. 개구리 소리를 들을 새도 없이 자동차 소리만 들려오는 사이에 도착한다.

집에 도착하니 어머니가 추운데 웬일이냐며 반긴다. 안 그래도 되는데 왜 신경 쓰느냐고 하신다. '저도 이젠 환갑이 넘었는데 귀찮지 않겠느냐'며 오히려 며느리 걱정을 하신다. 미역국을 남겨 놓고 가는 출근길에 마음이 뿌듯하다. 아내의 노력으로 내가 무슨 큰 일이나 한 것 같은 착각에 발걸음이 가볍다. 다시 오던 길로 되돌아 외갓집 동네를 지나며 회상해 본다.

달밤에 외갓집을 걸어가던 당당했던 어머니 모습은 어디로 사라진 걸까.

그날 느꼈던 어머니 손길은 앙상한 삭정이로 남아, 나무 갈퀴같이 거칠기만 하다. 어머니는 나를 껴안으며 무슨 생각을 하셨을까. 지금은 기억도 못 하실 그 달밤의 그림자는 더욱 선명하게 내 가슴속에 남아있는데. 꼬불거리는 시골길이라도 남아있다면 다시 걸어보련만, 좁은 길도 작은 시냇물도 흔적 없이 사라졌다. 추수 끝난 황량한 들판에는 하얀 눈만 쌓여가고 적막함은 끝이 없네.

(2022. 12)

상견례

　오랜만에 서울행 버스에 몸을 실었다. 고속도로변의 산뜻한 푸른 들판에 시선을 묻으며 생각에 잠긴다. 벼 심은 지 얼마 되지 않은 것 같은데 벌써 저렇게 많이 자랐구나. 파란 바닷가 수평선을 보는 듯 시원하다. 한줄기 소낙비가 더위를 식히고 주변의 먼지를 씻어서 더욱 푸르고 깨끗해 보였다.

　딸이 "아빠 무슨 말씀하실 거예요" 하고 묻는다. "글쎄다" 만나면 무슨 말을 해야 하나. 두 시간 이상 어색한 시간을 어떤 대화를 해야 하나 걱정이다. 자칫 실수라도 하면 어쩌나. 평소에도 말주변이 없다는 말을 듣는 처지인지라 부담이 가중된다. 아무리 생각을 해봐도 '반갑습니다.'라는 한마디 밖에는 할 말이 생각나지 않는다. 세상에서 제일 어색한 자리가 상견례 자리라고, 먼저 경험한 선배들의 조언을 듣고 보니 어색한 장면이 눈에 선하다. 버스터미널에 도착하니 시간이 여유가 있다고 하여 백화점을 서성거리다, 생각지도 못한 지체로 처음으로 만나는 시간을 늦게 되었다. 부랴부랴 서둘러 택시를 타고 약속 장소에 도착하니 서열에 따라 아빠, 엄마, 큰딸, 둘째 딸, 막내딸 순서로 옹기종기 앉아있다, 일어나며 우리를 반겼다.

그중에 큰딸이 환한 미소로 반긴다.

늦어 송구스러운 마음에다 팽팽한 긴장감이 좁은 공간에 꽉 찼다. 최대한 부드러운 척, 점잖은 척, 반가운 척 겉 포장을 단단히 꾸리고 마주했다.

"만나 뵙게 되어 반갑습니다."

서로 인사를 하고 앉아 처음으로 눈을 마주치게 되니, 역시 어색하다. 본격적인 탐색전에 들어갔다. 어떤 말을 할까.

상대는 어떤 생각을 가지고 나왔을까. 눈치를 살피며 머리를 회전시켜 탐색한다. 평소 아들에게서 단편적으로 전해 들은 사돈의 인상은 고집스럽고 완고한 것으로 알고 있었는데, 생각보다 훨씬 좋은 인상이었다. 순간 '다행이다'라는 생각이 스쳤다. 뭐가 다행인지는 모르겠지만, 최소한 아들을 힘들게 하지는 않을 것 같다는 생각이 들어서다. 안 사돈 또한 음식솜씨가 탁월하시다는 말을 들었을 뿐인데, 찬찬하시고 마음씨 고와 보였다. 우리 가족의 모습은 어떤 모습으로 비칠까. 실망하지는 않았을까. 예비 사돈의 주도로 대화가 이루어졌다. 어찌나 달변인지 나는 고개만 끄덕이는 것으로 대화의 동조가 이루어져 금세 분위기가 화기애애해졌다. 몇 분 사이에 한 가족이 된 것 같은 분위기로 변했다.

결혼이란 생소한 타인끼리 만나 사랑하고, 한 가족을 이루는 것으로 서로의 배우자뿐만 아니라 서로 다른 가족을 통합하는 과정이리라. 아들은 처가 쪽 가족을 우리 가족으로, 딸은 우리 가족을 시댁 쪽 가족으로 새로운 가족을 만들어 우리가 살고 있는 사회의 구성원으로 살아가는 것 같다.

어느덧 어색함은 사라지고 벌써 한 가족이 된 것 같은 스스럼없는 분위기가 되어 서로가 생각하고 있었던 양 가족의 통합 협상에 들어갔다.

결혼 날짜를 조율하고, 장소를 정했다. 하긴 이미 사전에 암묵적으로 정해진 내용을 공식적으로 추인하는 절차라 할까. 이견 없이 일사천리로 결정했다.

예비 사돈의 대화를 듣다 보니 예상했던 시간이 초과되었다. 처음 출발할 때 대화거리가 걱정되어, 두 시간 남짓이면 충분할 것으로 버스 시간을 예약했는데 기우였다. 세 시간으로 예약할 걸 아쉬운 생각이 스친다. 분위기에 빠져 일어나야 할 시간을 놓쳤다. 올 때처럼 부랴부랴 서두르기 시작한다.

택시를 부르고 작별 인사도 제대로 나누지 못하고 다음 만남을 예약했다.

택시를 타고 간신히 버스 시간에 맞췄다. 설상가상으로 딸이 배탈이 나서 약국으로 화장실로 헤매다 버스를 타고 보니, 오늘 상견례는 요란하게 치른 행사였다. 요란하게 행사를 치렀으니, 결과가 좋지 않을까. 괜한 이유로 기대해 본다.

칠흑 같은 어둠 속을 달리며, 새로운 가족을 만난 협상에 대하여 생각해 본다. "예비 사돈네 가족들 모두 좋은 분들 같아"라고 아내가 말한다. "그래, 아주 멋진 가족을 만난 것 같다."라고, 말하며 오늘의 만남에 대하여 만족해한다. 오늘 첫 상견례 행사는 대성공이었다고 자평하며, 잠시 눈을 감으니 옛날 내가 상견례 하던 장면이 떠오른다.

35년 전 처음으로 처가 가족들과 상견례 하는 자리였다. 장모님이 처음으로 하신 말씀이 "술은 잘하는가?"라는 예상하지 못했던 질문이었다.
장인어른이 술 때문에 일찍 돌아가셔서 술이라면 한이 맺히셨단다. 못 먹는다고 거짓말을 할 수 없어 "예 좀 합니다"라 대답했는데, 순간 분위기가 싸늘해졌다. 어색한 분위기를 달변이신 동서께서 '남자는 술도 먹을 줄 알아야 한다.'라고 마무리 해주셨던 추억이 아련하다. 아내에게 처음으로 프러포즈할 때 우리 집에는 항상 꽃을 피우겠다고 약속했었는데, 그 시절 꿈꿔왔던 꽃밭은 만들어진 걸까. 결과적으로 공약空約은 아니었을까. 아내에게 그 약속을 기억하는지 확인해 보고 싶지만, 자신이 없어 포기했다.
새삼스럽게 지난 시간이 아쉬움으로 다가온다.
그때 아내를 만나 지금의 가정을 이루었듯이, 아들은 오늘 또 다른 가정을 만들기 위하여 절차를 밟아 가는 중이다. 마음속으로 아들에게 부탁했다.

아빠가 쌓아온 작고 초라한 성 보다, 아들이 쌓을 성은 좀 더 크게, 좀 더 멋있는 행복이 가득한 성을 쌓을 수 있길 바란다. 네가 책임질 또 한 사람과 한 가족을 행복하게 만들어 다 함께 행복한 두 가족을 만들 수 있으리라는 것을 확신하며 아들에게 믿음을 보낸다.

흡족한 마음으로 오늘 있었던 상견례 장면들을 하나하나 떠올리며 잠시 눈을 감았다.

(2017. 6)

며느리 구하기

밤새 장맛비가 쏟아졌다. 개구리마저 엄마 산소가 염려되어 밤잠을 이루지 못하는지 밤새 울었다. 아내와 함께 아침 일찍 시골집으로 향했다. 애써 키워온 농작물들 피해가 걱정되고 혼자 계신 어머니가 궁금하였다. 다행히도 논두렁 일부가 유실된 것 외에는 큰 피해는 없었다. 시골집 마당 옆 텃밭에는 막 싹을 틔워 자란 콩이 언덕에서 쓸려 내려온 흙에 반쯤 묻힌 채 숨을 헐떡이고, 몇 포기 고추가 물줄기에 반쯤 누워있는 것 외에는 조용했다. 어머니 표정도 평소보다 밝았다. 우리는 마음을 놓은 채 서울행 버스에 올랐다.

오랫동안 기다려 온 손자를 임신하여 힘들어하는 며느리를 위로하기 위해서다. 몇 달 만에 만난 며느리는 완전히 다른 사람으로 변해있었다. 옛 어른들이 '배가 남산만 하다'라는 말을 했었는데 정말 남산만 했다. 저런 몸으로 어떻게 생활을 할 수 있을까? 안타까운 마음이 앞섰다. 배를 안고 있는 며느리를 보니 언젠가 텔레비

전에서 봤던, 남극의 펭귄들이 추위에서 새끼를 보호하기 위하여 발 위에 올려놓고 깃털로 덮어 뒤뚱뒤뚱 걷는 모습을 보는 듯하다. 새끼를 보호하려는 모정에 가슴이 뭉클하였다.

　결혼 후 손자를 기다리는 부모들 생각이 없는 듯 6년을 이런저런 이유를 대며 잔소리를 비켜 갔다. 최소한 둘은 낳아야 한다고 하면 '낳아도 한 명만 나을 거라'며 우리 속을 태웠다. 작년 가을부터 자기들이 생각하고 있던 것이 이루어진 것인지, 아니면 이제 때가 됐다고 생각했는지 병원에도 가고 하더니, 올 초에 기다리던 임신 소식을 전해 한시름 놓았다. 더구나 쌍둥이에다 남매라 하니 얼마나 통쾌하던지 한방에 모든 걱정을 날렸다. 야구 경기에서 9회 말 역전 만루 홈런을 날리는 기분이었다.

　그동안 인구감소가 국가적인 문제로 대두되어 논란이 될 때마다 사회일원으로서 책임을 다하지 못하고 있는 것 같아 죄지은 듯했었는데, 이제는 떳떳하게 동참하게 되어 마음이 한결 가뿐해졌다. 이젠 화살이 딸로 향했다. 딸 역시 5년이 되도록 공부한다고 임신을 미뤄왔다. 내가 알아서 한다고 하니 믿어 보는 수밖에 없다. 지금까지 해야 할 일을 실망하게 하지 않은 딸이다.

　저녁 식사 자리에 멀지 않은 곳에 있는 사돈 내외도 초청하고, 공부한다고 휴직하고 있는 딸도 한자리에 만났다. 처음 만나자마자 씩씩하게 자라고 있는 쌍둥이 손자 얘기로 가득 채웠다. 초음파 사진 속에서 아기들이 하품한다느니, 눈을 깜박인다느니, 믿겨지지 않는 얘기로 들떠있는 마음을 나눴다.

오랫동안 기다려 온 터라 양가 모두가 싱글벙글 마음이 들떠있다. 쌍둥이 이름이 쑥쑥이와 씩씩이란다. 모두가 기쁜 마음인데, 며느리 혼자에게 짐을 떠안기고 있는 것이 마음에 걸렸다. 며느리 혼자 희생으로 우리 모두 행복하다고 했더니, 며느리가 "괜찮아요." 한다. 어려움을 가족 여럿이 나눠 가질 수 있는 방법은 없을까.

며느리가 넓은 아들 집에서 주무시라는 말을 뒤로하고, 딸이 뒤늦게 공부하고 있는 S대 기숙사로 향했다. 딸이 다니는 학교에서 자보고 싶다는 명분이었지만, 힘들어하는 며느리에게 신경 쓰일까 먼저였다. 좁은 공간에서 오랜만에 셋이 함께 잤다. 딸이 어렸을 때 천둥과 번개 칠 때면 베개를 끌어안고 우리 방으로 '번개다' 소리치며 뛰어들어, 침대 가운데를 차지하였다.

설득하고 혼내도 꼼짝 안고 좁은 공간에 같이 잤던 추억을 회상하며 웃었다.

오늘도 딸이 가운데 잤다.

이튿날 아들이 와서 함께 교정을 산책하였다. 웅장한 도서관과 각 대학 건물, 잘 가꿔진 수목들을 보며, 우리나라 최고의 지성들이 모여 공부하고 연구하는 곳이라 생각하니 새삼 경외심이 솟는다. 언제 또 와 볼 수 있겠느냐며 20년은 돼야 아직 태어나지도 않은 손자, 소녀가 대학 가면 그때나 올 수 있을지도 모르겠다. 라고, 웃으며 한 바퀴 돌았다.

돌아오는 버스에서 배부른 며느리의 모습을 생각하면서 언제였던가.

아들이 8살 때쯤 가족들 모두가 수안보로 목욕하러 갔던 추억이 떠올랐다.

목욕탕에서 아들과 함께 아버지 등을 밀어드렸다. 평소 속내를 잘 드러내지 않으시던 아버지의 흐뭇한 표정에서 같은 핏줄에서 전해지는 뭉클한 감동을 했었다. 나도 손자가 태어나면 아들과 손자에게 등을 맡겨 보리라는 꿈이 현실로 다가온다. 벌써 설렌다. 아버지는 멀리 가셨지만, 한 10년 후에는 나도 아버지와 같이 찐한 혈육의 정을 느껴 볼 수 있으리라. 기대해 본다.

양쪽 집 모두 경사라고 기뻐하지만, 정작 당사자인 며느리는 아직도 두 달이나 무거운 배를 움켜쥐고 어려운 생활을 해야 한다. 몸조심하라는 말을 남기고 왔지만, 우리는 배 속의 아기 건강이 더 염려되고, 사돈 내외는 딸의 건강이 더 염려된다고 하여 그 의미를 되새겨 본다.

장마도 잠깐 쉬어가려는 듯 오랜만에 햇살이 환하다. 달리는 차의 창가로 눈길을 옮겨 푸른 들판을 바라본다.

곧 태어날 두 아기 모습이 눈앞에 아른거린다.

(2023. 7)

쌍둥이 상봉기

　최소한 두 명은 낳아야 한다는 제 엄마의 잔소리에 키울 자신 없다며, 낳더라도 한 명만 낳을 거라 했다. 차일피일 6년을 끔 들이며 애태우던 아들 부부에게 드디어 아기가 태어났다. 한 명만 고집하더니 쌍둥이를 낳았다. 그것도 아들, 딸 남매다. '금상첨화'란 말은 이런 때 어울리는 말이 아니던가.
　오후에 출발하려던 계획을 조바심으로 기다리지 못하고 일찍 출발하였다.
　연로하신 어머님을 모시고 서울까지 가려면 여유 있게 천천히 가야 하기도 하지만 얼른 보고 싶은 마음이 앞섰다. 길게는 6년을 짧게는 한 달을 기다리던 만남이다. 쌍둥이가 태어난 지 한 달이 지나서야 상봉 길에 나섰다. 아가들이 예정보다 일찍 세상에 나와 병원에 머물러야 했다. 아가들 퇴원을 기다리느라 상봉을 늦췄는데 뜻하지 않게 내가 감기에 걸려 또 늦어진 상봉길이다.
　현관문을 들어서니 다미(애완견)가 짖으며 반긴다. 평소 같았으면 반가움에 먼저 쓰다듬고 하였을 터인데 오늘은 관심 밖이다.

아가들 방으로 들어갔다. 둘이 나란히 누워있었다. 먼저 손자에게로 눈길이 가는 것은 어떤 연유일까. 대를 이을 손자라는 본능에서 오는 마음에서일지도 모르겠다. 손자 시윤이는 만세를 부르는 듯 양팔을 위로 올린 모습으로 깊은 잠 속에 빠져있었다. 그 옆에 손녀 하윤이는 눈을 말똥말똥 천장을 올려다보며 작은 팔을 흔들어 놀고 있었다. 아직 목을 가누지 못하는 하윤이를 조심스럽게 안고 눈을 맞춰 본다. 깜박임도 없이 빤히 올려다보는 모습에 가슴이 뭉클했다.

같은 핏줄에서 느껴지는 전율 같은 것이 가슴을 관통하듯 짜릿하게 스친다. 가슴속으로 따뜻한 햇볕이 한줄기 지나는 듯 온기가 스쳤다. 눈이 크기도 했지만, 유난히 까맣다. 아직은 구체적인 사물의 모습을 구분할 수도 없을 터인데도 눈동자를 이리저리 굴리며 보는 듯하다. 눈을 맞추며 바라보는 모습에서 '아직 잘 모르지만, 왠지 포근해요.' 하듯 빤히 바라본다. 말없이 한동안 서로의 눈을 마주쳤다. 같은 핏줄의 동질감을 확인하며 말을 걸어본다. "아가 내가 네 할아버지다.", "알아요" 하듯 까만 눈동자를 한 바퀴 굴린다.

"뭐 하느라 이리 늦게 왔니. 어디서 출발하여 이렇게 예쁜 모습으로 내게 왔니."

"내가 말 배우면 해줄게요." 하듯 혀를 날름거리며 앙증맞은 작은 입술을 오므렸다 폈다 한다. 나는 그 모습이 하도 기특하고 귀여워 감정을 주체하기 힘들었다.

맑고 까만 눈동자 속에서 손녀의 미래를 상상해 본다. 백두산 천지에 있는 호수가 맑다는데 이처럼 맑은 빛일까. 하늘이 몽땅 내려와 앉은 모습이다. 언제까지 맑은 모습으로 유지되었으면 하는 바람으로 퇴색한 눈에 비친 투명한 손녀의 눈동자를 바라본다. 십 년 후에 손녀는 어떤 모습일까. 이십 년 후에는 어떻게 예쁜 모습으로 변해 있을까. 많은 세월이 흐른다 해도 지금처럼 맑고 아름다운 눈동자를 간직할 수 있으리라 믿어 본다. 손녀 앞으로 펼쳐질 아름다운 세상이 환하게 비춰 오는 듯하여 내 가슴까지 환하게 열려 기분이 가뿐해졌다. 사랑하는 마음을 듬뿍 담아 가슴을 토닥거려 주었다.

  한참 후 눈을 떼어 작은 몸을 살펴본다. 작고 앙증맞은 손가락, 발가락 모두 다섯 개씩이다. 다행이다. 이미 제 엄마 뱃속에서부터 모든 건강 상태를 확인하였다지만 내 눈으로 직접 확인하니 안심되었다.

  까만 눈동자를 바라보며 눈동자 속에서 아가의 의식 세계를 상상해 본다.

  아무런 생각 없이 배고프거나 용변으로 자리가 불편하면 울어서 해결하고, 편안해지면 자고 하는 것은 무의식에서 오는 본능일 뿐일까. 이런 의사 표시는 아가의 생각과는 상관없는 행동인지. 아니면 생각을 표현하는 말을 못 할 뿐, 우는 것으로 의사 표시하는 것은 아닐까. 생각이 없이 단지 본능에서 오는 행동이라 한다면 로봇처럼 시간을 정해 놓고 10시간마다 밥을 주든지, 하루에 한 번씩 노폐물을 치워주면 되는 것처럼 할 수 있지 않을까.

  밤새 교대로 찡찡대는 아가들 시중을 들어야 하는 아들 내외가 안쓰럽다.

  아들은 날이 새면 출근해야 한다. 새벽에는 뭐가 불만인지 두 놈이 한 번에 울어서 온 집안이 떠들썩했다. 나라도 일어나 가 볼까, 하다 다시 누웠다.

    집에 돌아올 시간이 가까워져 오는데도 손자 시윤이는 계속 잠만 잔다. 손자도 안아보고 대화하고 가야 하는데 잠에 취했나 보다. 나도 아들도 잠이 많았는데 손자는 그것까지 닮았나 보다. 나는 수업 시간만 되면 졸아서 별명이 잠보였다. 아들 역시 공부 시간에 하도 졸아서 선생님이 뒤에 가서 서 있으라는 벌을 수시로 받았다고 한다. 외모도 손자는 우리 가족을 많이 닮았고, 손녀는 처가 쪽을 많이 닮았다고 사돈댁에서도 신기하다고 웃었다. 하는 수 없이 자고 있는 손자를 안았다. 눈을 떠보라고 볼을 건드리기도 하고 머리를 만져도 얼굴만 한번 찡그리고 또 잔다. 자는 모습이 참 평화롭다. 귀엽고 사랑스럽다. 뭐가 부족하거나 불만이 있을 수 있을까. 자고 싶을 땐 자면 되고, 배고프면 먹여주고 양가 쪽 가족들이 처음으로 맞이하는 손자에게 쏟아붓는 사랑이 넘쳐난다. 지금이 너희들 일생에서 가장 행복한 시간이다. 아무런 걱정 없이 무럭무럭 건강하게 자라렴. 너희들이 하는 일이란 아프지 말고 씩씩하게 자라는 모습이란다. 얼른 말도 배워서 '할아버지'라고 부르는 모습을 보고 싶구나. 자주 볼 수 없어 안타깝지만, 매일 사진으로 할머니랑 함께 너희들 존재를 확인하고, 표정 하나하나에 웃음꽃을 피우고 있단다.

    너희들이 우리 가족으로 온 것은 할아버지 일생에 큰 행운이란다.

(2023. 10)

걸음마

 뒤뚱뒤뚱 기우뚱기우뚱 위태롭다. 균형을 잡으려는 듯 양팔을 벌려 걷는다. 몇 발짝 걷다 엉덩방아를 찧는다. 울지도 않고 오뚝이처럼 벌떡 일어나 다시 걷는다. 그 모습이 우습기도 하고 귀엽다. 손자가 드디어 발자국을 떼고 걷기 연습이 한창이다. 양팔을 벌려 균형을 잡는 모습이 신기하다.
 균형 잡는 방법을 배웠을 리는 없고 본능에서 오는 행동 같다. 손자가 양팔로 균형 잡고 걷는 모습을 바라보니 먼 옛날 할머니 손 잡고 곡마단을 구경했던 추억이 떠오른다.

 할머니는 외출하실 때면, 하얀 치마저고리에 흰 고무신을 신으시고 나를 꼭 데리고 다니셨다. 장날 장을 보러 가실 때나 고모네 집에 가실 때도 나를 데리고 가셨다. 나는 작은 고모네에 갈 때가 제일 좋았다. 우리 집에서 30리 정도 될 것 같은 거리로 길가에 앉아 쉬엄쉬엄 걸었다. 흙먼지가 폴폴 나는 신작로를 따라 걷다 차라도 만나면 먼지를 뽀얗게 뒤집어쓰고 걸어가야 했다.

고모네 집에는 원두막이 있어서 참외, 수박을 실컷 먹을 수 있었다. 밖으로 외출할 때면 등이 넓적한 고모부는 나를 업고 다니셨다. 넓적한 등을 통해오는 포근한 감촉과 발자국을 뗄 때마다 느껴오는 울렁거림이 좋았다.

고모부 등위에서 도란도란 조용하게 들려오는 할머니 목소리가 정겨웠다.

추석 명절을 며칠 앞둔 때였던 것 같다. 할머니께서는 그날도 내 손을 잡고 꼬불꼬불 논두렁길을 따라 십 리를 걸어 증평 장으로 갔다. 곡마단 들어왔다고 구경 간다고 하셨다.

두 사람이 그네를 타고 휙 휙 날아다녔다. 이쪽 줄에서 저쪽 줄로 바꿔 타기도 하고, 두 사람이 공중에서 서로 자리를 바꾸기도 했다. 한순간도 눈을 뗄 수 없는 아슬아슬한 장면이다. 그중에서 제일 기억에 남는 장면은 외줄 타기였다. 하얀 바지저고리를 입은 키 작은 사람이 우리 집 마당에 매어놓은 빨랫줄같이 가느다란 줄 위를 맨발로 걸었다. 손자가 팔을 흔들며 걷듯이 팔을 벌려 아래위로 흔들어 균형을 잡았다. 한쪽 손에는 작은 부채를 들고 폈다 오므렸다 했다. 떨어질 듯 떨어질 듯 위태롭다. 눈을 뗄 수 없다. 손바닥에 땀이 촉촉하게 배어났다. 그러다 중간쯤에서 발을 헛디딘다. 모두가 아! 하고 탄식하는 순간 줄에 걸터앉아 손짓한다. 사람들은 그제야 손뼉을 쳤다. 다시 일어나 성큼성큼 끝까지 걸어갔다. 외줄타기다. 어린 눈에는 그저 재미있고 신기한 모습으로 기억되지만 얼마나 위험한 짓인가. 얼마나 연습해야 저 정도의 경지를 이루게 될까.

나는 어느 순간 중요한 선택을 해야 하는 때가 되면 외줄 타기 장면이 떠오른다. 한발을 잘못 떼어 놓으면 결과는 정반대다. 어느 순간 방향을 결정하는 것도 그렇지만 우리의 삶 자체가 외줄 타기와 같다. 모든 일상생활이 불안 요소와 극적인 요소가 병존한다. 조금 잘못하여 줄을 잘못 밟으면 바로 나락으로 떨어진다. 그 순간의 선택은 잘하고 있는가. 한번 선택하면 되돌아가기에는 이미 지나간 시간이다. 선택을 바꿀 수 없다. 그냥 운명처럼 받아들여야 한다.

요즘 텔레비전에선 한시도 없이 대통령 탄핵 애기뿐이다. 비상계엄이야 말로 얼마나 위험한 외줄 타기인가. '성공하면 혁명이고 실패하면 반란이다.'라고 하지 않던가. 한 사람의 잘못된 생각에 얼마나 많은 희생이 따르는가. 별을 달고 방송에 나오는 군인들의 얼굴보다도 어깨에 별이 먼저 보인다. 저 별을 따기까지는 얼마나 큰 노력과 각고의 힘이 들었을까. 별의 개수와 관계없이 하루아침에 나락으로 떨어질 운명이다. 별 떨어지는 것이 문제가 아니다. 곧 영어囹圄의 몸이 될 처지다. 군인들은 자신의 의지로 이루어진 일이 아닐 것이다. 위에서 명령을 내리니 명령에 따라 행동했을 뿐인데, 군인의 신분으로 선택할 수 있는 선택지가 많지 않았을 것 같다.

누구를 원망하고 미워하기는 이미 늦었다. 잘못된 인연을 탓할 수밖에 없다. 한 사람의 외줄 타기 모험으로 많은 국민이 힘들어한다.

선거 때면 어떤 이들은 그런다. "어떤 놈이 해도 똑같아.", "그놈이 그놈이여." 하며 선거에 대하여 불신하지만, 결과를 보면 그게 아니지 않는가. 누군가 하기에 따라 오늘과 같은 모든 일이 엉뚱한 결과로 다가오지 않는가. 최소한 인성을 갖춘 사람이 지도자가 돼야 한다.

  장난감을 가지고 놀던 손자가 다시 일어섰다. 걸을 채비를 한다. 사실 손자는 걷기뿐만 아니라 모든 것이 늦었다. 쌍둥이로 태어나 병원에서 머물러서 그런지 크는 속도가 늦다. 아들이 9개월 만에 걸어서 손자들도 비슷할 줄 알았는데 15개월이 다 된 손녀는 아직도 기어 다닌다. 손자·손녀는 한날한시에 태어났어도 차이가 나는 것은 무엇으로 설명해야 할까. 다시 손자가 뒤뚱거리며 걸어온다. 손뼉을 치며 반가워하니 마음이 급한가 보다. 마음은 바쁘고, 다리는 안 따라오고, 다리가 휘청하더니 엉덩방아를 찧는다. "얼른 일어나"라며 손짓하니 금방 일어나 내 품으로 달려든다.
  꼭 안아주며 기저귀로 두툼해진 엉덩이를 두들긴다. 그래 너희들이 보배다.
  행복이 충만하여 찡해져 오는 가슴으로 손자를 꼭 안아주는데, 이 녀석은 뭐가 급한지 내려놓으라고 발버둥이다.

(2024. 12)

서예

정말 신기하다. 변덕 심한 여인의 마음이랄까? 붓에 조금 힘을 줘도, 약간 옆으로 뉘어도, 늦게 떼어도 그려지는 글씨는 영 딴판이다. 선생님이 손을 잡아주며 써준 글씨와는 전혀 다른 글씨가 된다. 늦게 시작한 붓글씨 배우기가 생각보다 쉽지 않다. 선생님이 써주는 견본을 따라 나름 집중하고 열심히 따라 그려 보지만 글자가 아니고 그림이 된다. 이렇게 해서 배울 수 있을까. 난 안되는 것 아닐까. 그래도 포기하지 않고 똑같은 글자를 서너 시간 동안 열심히 그리다 보면, 수업이 끝날 때쯤엔 '비슷하게 돼가네' 하시는 선생님의 말씀에 힘을 얻는다. 더 집중하여 붓을 잡는다. 그렇게 해서 가로줄, 세로줄을 비롯하여 물 수水, 길 영永, 새 을乙 등 가장 기초가 되는 글자들을 배우는데, 그냥 붓 가는 대로 쓰는 것이 아니고 붓을 눌러주기도 하고, 들어주기도 하고, 돌려주기도 하는 재주를 부려야만 글자가 된다.

그런 재주를 얼마나 많이, 얼마나 적당히 하느냐에 따라 글자가 되기도 하고 그림이 되곤 한다. 글자를 만들기 위하여 그림을 수없이 반복하여 그리는 과정이 서예다. 잘 안될 때는 붓을 좀 더 누르고 써보기도 하고, 들어서 써보기도 하고, 제발 잘 써지라고 기도하는 마음으로, 붓을 굴려 보기도 한다.

붓 가는 대로 글자도 되기도 하고, 그림이 되기도 하여 서예를 '붓으로 쓰는 예술'이라고 하였나 보다.

어쩌면 우리 인생도 붓글씨와 같지 않을까. 매일 매일 하나하나의 글씨에 정성을 다하는 것처럼, 똑같지만 조금씩 다른 하루를 반복하여 쌓다 보면, 인생이 되고 삶이 되는지도 모르겠다. 우리가 살아가고 있는 삶이 아무런 의미 없이 하루하루를 보태는 것이 아니고 강하게도, 때론 부드럽게, 여유를 가지고 붓글씨 쓰듯 살아가는 것이 필요하다고 생각해본다.

갓난아기가 태어나 어느 날 갑자기 걸을 수는 없다. 고개 드는 것부터 시작하여 엎치는 것, 기어가는 것, 발자국 떼는 것을 차례로 하면서 수없이 넘어졌다 일어나는 것을 반복해야 비로소 걸을 수 있다. 마찬가지로 붓글씨도 한일자를 배우다 갑자기 유명한 서예가가 될 수는 없다. 모든 삼라만상에는 절차가 있고 과정이 있어야 한다. 그 과정에는 수없이 큰 노력이 있어야 훌륭한 결과물이 생긴다는 것은, 하느님이 만든 훌륭한 순리이지 않을까.

어떤 작은 결과물이라도 수없이 많은 시행착오를 겪으며 반복해야 이루어진다. 이렇게 해보고 안 되면 저렇게도 해보고 계속하여 반복한다.

그래서 다음에는 같은 실수가 되풀이되지 않도록 하는 것이 우리 삶이고 붓글씨인가 보다. '젊었을 때 고생은 사서도 한다.'란 옛 말과 같이 젊었을 때 수많은 경험과 실패가 커서는 인생의 밑거름이 되듯, 붓글씨 역시 배울 때의 실수가 쌓여서 어느 정도의 실력으로 성장할 수 있을 것은 아닐까.

앞에 보이는 선배가 정갈하게 써 내려가는 글씨가 부럽다.
그런데 그 선배 역시 만족하지 못하고 나름대로 아무리 노력해도 잘 안된다고 푸념이다. 나로서는 이해가 되지 않지만, '사람의 욕심은 끝이 없다'라는 말과 같이 해도 해도 끝이 없음이 인생이고 예술이라는 생각을 해본다.
나도 저 정도만 쓸 수 있다면 얼마나 좋을까. 언제쯤이면 '이 정도면 됐다'라고 허리를 펴고 지긋한 눈빛으로 바라볼 수 있을까. 그때가 오기는 오는 걸까. 하얀 화선지에 삐뚤게 버티고 있는 검은 글자를 한참을 내려다본다.
내가 살아가고 있는 삶을 바라보며 '나도 저 정도로 살았으면' 하는 누군가도 있으려나?

(2017. 4)

최고의 하루

　오늘 하루는 어떤 하루이었던가. 어떤 이에겐 생의 마지막 날이었을 수도 있고, 방금 태어난 아기에게는 생의 첫날이었을 게다. 하루살이에겐 그들만의 일생이었을 만큼 소중한 하루였을 테다. 나의 하루는 어떤 날이었는가. 최고 중의 하루였다면 좀 과장된 말일까. 아들, 딸이 아빠 생일이라고 설악산을 찾아 2박 3일 가족여행을 준비했단다. 연로하신 어머니까지 모시고 함께 나섰다. 설악산으로 정한 이유는 기억도 가물가물한 옛 신혼여행지의 추억을 더듬어 보고 싶어서였다.

　첫째 날은 낙산사를 찾았다. 불상에서 바라보는 푸른 잉크를 풀어 놓은 듯한 동해 특유의 쪽빛 바다를 바라본다. 가슴속 깊이 시원한 바람 가득 불어 넣는다. 낙산사에서 가장 안타까운 일은 몇 년 전 화재로 인하여 귀중한 문화재가 소실되는 일이 있었다. 그 화마에 휩싸여 보물로 지정된 종이 반쯤 녹아서 일그러진 모습으로 박물관에 전시되고 있는 모습이었다. 아무리 소중하고 쇠처럼 단단한 것도 한순간 부주의로 한 줌의 재로 소실될 수 있다는 것이, 우리가 소중한 것을 지키기 위해서는 얼마나 철저하게 대비해야 하는지를 보여 준다. 선조들의 훌륭한 문화유산을 지키지 못한 후손의 한 사람으로 안타까움으로 다가온다.

이튿날 케이블카를 타고 설악산에 오르려면 일찍 가야 한다고 서둘러 준비하여 도착했지만, 이미 주차장 입구부터 인산인해다. 차로 사람들로 가득 찼다. 안내원에게 물으니 지금 표를 사도 오후에나 탈 수 있을 거란다.

어머님이 몇 번을 왔어도 한 번도 못 타보셨다. 하여 무리해서라도 오늘은 꼭 타보기로 하고 줄을 서서 기다렸다. 한참을 기다려 표를 사고 보니 5시간을 기다려야 했다. 우리끼리면 울산바위라도 갔다 오면 될 텐데 어머님은 불가능하시다. 진작 젊었을 때 모시고 왔으면 갈 수 있었을 텐데 하는 아쉬운 마음이 앞서서 마음이 찡했다.

언제이었던가. 할머니가 주무시던 사랑방에는 울산바위 옆에서 흰 고무신에 하얀 한복을 입고 찍은 사진이 걸려있었다. 할머니가 환갑을 훌쩍 넘은 나이에 울산바위까지 올라가셨단다. 그때 주변에 있던 사람들이 모두 손뼉을 쳐주었다고 말씀하시던 모습이 아득하다. 할머니께서는 하늘나라 어느 곳에선가 우리가 설악산에 온 모습을 지켜보고 계시리라.

케이블카 기다리는 시간을 활용하여 옛날의 기억을 더듬어 신혼 때 머물렀던 호텔을 찾았다. 아쉽게도 건물이 노후화되어 반쯤 무너진 상태로 방치되고 있었다. 사람이든 건물이든 모든 삼라만상이 세월 앞에는 무기력하다는 것이 새삼스럽다. 생각나지 않는 기억을 억지로 되살리며 폐허가 된 건물 앞에서 기록을 남겨본다.

그때와 지금의 나는 어떤 존재이었던가. 비교가 가능한 일인지 모르겠다. 나의 존재는 그때나 변함없는 것 같지만 모든 상황과 여건은 비교할 수 없을 만큼 많이 변했다.

그때는 우리 둘뿐이었지만 지금은 우리 결혼의 결실인 장성한 아들, 딸을 앞세우고 개선장군이라도 된 양, 옛 추억 위에 발자국을 포개본다. 그때 우리가 간직했던 꿈은 이루어진 것일까. 아내에게 한 약속은 지켜지고 있는 것일까. 아득히 먼 그날 아침에 호텔을 나오는데 호텔 앞 광장에는 수백 명의 수학여행 온 학생들이 앉아 있었다.

아내는 촌스럽게도 한복을 곱게 차려입고 신혼여행 왔노라 자랑하고 있었다. 갑자기 학생들이 우레와 같은 손뼉을 쳤다. 아내는 얼굴이 빨개진 채 내 뒤를 따랐고, 나는 태연한 척 앞을 지나쳤다. 왠지 기분 나쁘지 않고 우리의 앞길에 행운을 부르는 박수 같아서 뿌듯하기까지 했었다.

오락가락하는 비에 우의로 무장하고 기어코 설악산을 정복하겠노라고 케이블카에 올라 전망대에 도달하니 거짓말처럼 햇살이 넘쳐났다.

어머님께는 죄송스럽지만, 아들과 함께 전망대에 남겨 두고, 바위가 위용을 자랑하는 산길을 따라 정상에 오르니 경치가 환상이다. 산 중턱까지 물들기 시작한 단풍이 눈길을 붙잡았다. 경이로운 풍경을 만끽하며 열심히 가슴에 새겨 넣었다. 오랜 시간 기다린 보람이 있었다고 생각하며, 해가 하루를 정리하는 늦은 시간에 오죽

헌을 향했다. 사당 뒤꼍에 검은 대나무가 낯익은 모습으로 반긴다. 왜인지는 모르겠지만 신혼여행 중 오죽만이 기억이 뚜렷하다.

대나무 앞에서 인심 후하게 생긴 택시 기사가 찍어주던 사진은 사진첩에서 세월의 흐름을 기억해 내고 있었다.(신혼여행 시 택시를 전세 내 다녔다.)

마지막 날 일찍 서둘러 대관령 하늘목장으로 양 떼 구경하러 나섰다.

어찌나 추운지 한겨울보다 심했다. 다행히도 아내가 겨울옷을 준비하였기에 관광할 수 있었다. 나는 무겁게 뭔 옷을 그렇게 많이 가지고 가느냐고 불만을 토로했지만, 결국 준비성 있는 아내가 돋보인 하루였다.

양 떼들의 재롱과 젖소들과 평화로운 산책을 함께하며, 어머님과 아들. 딸과의 가족여행을 만끽해 본다. 언제 또다시 이런 행복을 만끽할 수 있으려나. 돌아오면서 이번 여행을 결산한다. 자식들 힘으로 먹고 자고 여행한다는 것이 얼마나 뿌듯하고 믿음직스러운 것인가.

어머님이 자식들에게 방해되지 않으려 힘든 것도 참으시며 열심히 쫓아다니고 즐거워하시는 모습에서 또 다른 만족감에 가슴 뿌듯한 행복한 여행이었다. 행복한 최고의 하루를 기록해 본다.

(2015. 10)

초보 농부

'할 일 없으면 농사나 짓지 뭐' 많은 직업 중에 제일 쉽고 만만한 것이 농사라 생각하는 이들이 많다. 과연 그리 녹녹한 일이 농사일까.

나 역시 퇴직 후 부모님께서 물려주신 농토를 멀리하고 여기저기 기웃거려 보았지만 적응하지 못했다. 남들이 말하는 것처럼 '농사나 짓자'라고 덤벼들었다. 주변에서 농사일이란 "경비도 안 나오는걸 뭣 하려 하느냐."

"여태껏 고생했으니 편히 쉬어라."라며 모두 반대했지만, 뭔가 또 다른 일을 해보고 싶기도 하고, 부모님께서 평생 고생하시며 만들어 물려주신 땅을 남의 손에만 맡긴다는 것도 죄송한 일이라 생각되었다. 자신은 없지만, 해보기로 했다. 년 초에 면사무소에 농지원부를 신고하고, 농산물품질관리원에 경영체 등록도 하여 농사지을 준비를 완료하였다.

우리 논은 몇 년째 사촌 동생이 농사를 짓고 있었다. 동생한테 농사일에 대하여 설명을 들었다. 물 관리에서부터 제초 방법, 농약 방제, 비료 주기까지 몇 차례 얘기는 들었지만, 막상 논에 들어가니 말로 듣던 것과는 딴판이다.

어린 시절부터 농사일을 옆에서 구경은 해봤지만, 직접 마주쳐 하는 일이랑은 딴판이다. 기껏해야 농약 줄 때 줄을 잡아준다든가. 아버지가 하라는 대로 잔심부름이나 하던 일과 직접 하는 것과는 완전 별개였다.

물 들어오는 수로를 열어놓고 물을 댔지만, 물이 고이지 않아 둘러보니 물 내려가는 물고는 막지 않아 물이 콸콸 새고 있었다. 농약을 뿌리는 데 논둑에서 뿌리는 속도로 논으로 들어가 뿌렸더니, 전체면적에 반도 안 되어 약이 소진되었다. 약통이 새는가 하고 아무리 봐도 이상 없었다. 가만히 원인을 생각해보니 둑에서는 빠른 걸음으로 뿌릴 수 있는데, 논 안에서는 발이 빠져 빨리 갈 수 없는데도 약 뿌리는 양은 똑같이 했으니 약을 한군데 쏟아부은 결과가 되었다. 아 '이것이 실전과는 다른 것이구나.'라며 속으로 쓴웃음을 지을 수밖에 없었다. 논에 입제농약을 뿌리는데 스위치 조작을 못하여 약통에 있는 약을 모두 땅바닥에 쏟았다. 새벽에, 이웃에 사는 형에게 가져가 조작법을 배워야 했고, 빗자루를 빌려다 쏟아놓은 약을 쓸어 담는 등 설명으로는 알 수 없는 일들이 많았다. 제초제를 뿌리려고 약을 타서 등에 짊어지고 일어나는데 약이 등 위로 쏟아졌다. 깜짝 놀라 내려놓고 보니 뚜껑을 닫지 않고 일어나니 기울어져 쏟아진 거다. 제초제로 목욕을 한 셈인데 건강에는 괜찮을까. 하는 걱정도 들었지만, 작업을 중단할 수 없어 그대로 마무리하였다. '제초한 지 얼마 되지 않았는데 논둑의 풀은 벌써 벼보다 커서 벼를 덮고 있지만, 또 제초 작업을 한다는 것이 엄두가 나지 않아 바라만 보았다.

며칠 전 물꼬를 확인하러 새벽바람을 가로질러 논으로 달려갔다. 내 힘으로 심은 생명들이 파랗게 자라나는 모습에 뿌듯했다. 논둑에서 짙어지는 벼들을 흐뭇한 마음으로 바라봤다. 논 한쪽에 유난히 무성하게 자라는 벼들이 웃자랐나 했다. 동네 형이 지나다 "동생 저 피는 어떡하려고 저렇게 방치하나?", "저러면 벼 하나도 수확 못 해", "지나다니면서 뭘 보고 다니는 겨" 한다. "뭐가요", "저 시퍼런 것 안 보이나?", "모두 피여" 유난히 무성했던 것이 벼가 아니고 피란다. 창피해서 얼굴이 화끈거렸다. 바로 장화를 신고 들어가 뽑기 시작했다. 한참을 뽑았더니 허리, 다리가 아파 도저히 더 할 수 없어, 나머지는 '에라 모르겠다.' 하며 나와 버렸다.

농사란 날씨에 민감할 수밖에 없다. 옛 어른들이 '농사란 하늘이 짓는 것이여'라는 말에 실감한다. 저녁에는 항상 핸드폰 날씨 창을 열어 내일 날씨를 확인한다. 가물 때면 비가 오기를 기대하고, 장마철엔 그치기를 기대했다. 요즘 논에는 관계시설이 잘되어 가뭄에도 큰 걱정은 없지만, 아직 밭농사에는 비가 결정적인 역할을 한다. 옛날에는 모든 농사를 하늘만 쳐다보며 농사를 지었다. 물꼬를 확인하려 논둑을 거닐다 보면, 평생 노곤한 삶을 사시다 호강 한번 못하시고 멀리 가신 할아버지가 생각나곤 한다. 할아버지는 논에 물 대느라 논둑에다 거적을 깔고 주무시곤 했다. 거적에 누워 하늘에 별을 바라보며 무슨 생각을 하셨을까. 오직 가족들 굶기지 않을 걱정만 하셨으리라. 할아버지께서는 하루 종일 논에서 사셨다. 논둑에 풀은 낫으로 직접 깎고, 논에 들어가 손으로 피를 뽑았다. 지금은 제초제를 뿌리기만 하면 된다. 논에는 선택성 제초제를, 논둑에는 일반 제초제로 제초한다. 얻는 것이 있으면 반드시 잃는 것이 있는 법. 쉽게 농사를 짓는 것이 얻은 것이라면, 논두렁에 개구리, 뱀은 사라지고, 논에 많던 미꾸라지, 메뚜기는 어디로 갔는가.

추위를 피해 강남으로 피난 간 많았던 제비는 아직도 돌아올 줄 모른다.

환경이 파괴되어 자연 질서가 사라졌다. 곧바로 우리에게 큰 재앙으로 올 것 같아서 걱정이다. 들쭉날쭉한 날씨를 보면 벌써 부메랑이 되어 우리에게 되돌아온 것은 아닐까. 환경을 지켜야 하는데, 나부터 실천이 어렵다.

제초제 등 농약을 줄여야 한다. 화학비료도 줄여야 한다. 풀은 낫으로 깎아야 하고 비료 대신 퇴비로 해야 한다. 내일 새벽에 또다시 새벽바람을 가로질러 논으로 달려갈 것이다. 벼들이 잘 자라고 있는지, 물꼬가 터져 물이 새 나가지는 않았는지. 하루만 안 가 보면 궁금증에 불안하기까지 하다.

'곡식들은 주인의 발걸음 소리를 들으며 자란다.'라는 옛 어른들의 말을 되새겨보며, 나도 생명산업 일부분에 공여하고 있다는 자부심으로 새벽바람을 가르며 마음은 벌써 논으로 달려가고 있다.

(2019. 6)

아카시 꽃향기 속에서

눈부신 봄볕이 들판으로 산 위로 넘쳐흐른다. 봄에서 여름으로 가는 길목에는 봄 잔치가 한창이다. 노란 생강꽃을 시작으로 하얀 벚꽃을 거쳐 붉은 영산홍을 피우더니 곧이어 아카시 꽃이 온 산천에 만발하였다.

개울가 둑에도, 마을 뒤 언덕에도, 산 위에도 온통 하얀색 물결이다. 달콤한 아카시 꽃 향이 벌을 유혹한다. 벌들이 꽃향기에 모여들 듯이, 해마다 봄만 되면 하얀 꽃 속으로 나만이 간직하고 있는 첫사랑의 추억 속으로 빠져든다. 달콤한 향기가 아련한 추억을 불러온다.

그녀와 만남의 시작은 군 생활도 익숙해진 상병 고참 때쯤인 것 같다.

3월 초인가, 꽃샘바람이 기승을 부리는 이른 봄날에 부대 동료와 군산을 놀러 갔다. 군산 월명공원에서 남도 특유의 풍성한 밑반찬에 막걸리 맛도 보고 공원을 한 바퀴 돌며 젊음을 얘기했다. 미련을 툭툭 털고 되돌아오려 군산항으로 향했다. 지금이야 다리로 연결되었지만, 그 당시에는 장항에서 군산에 가려면 배를 타고 건너야 했다. 항구의 찬바람은 겨울이 가는 것이 아쉬운 듯 옷깃을 당겨 움츠리게 하고 있었다. 항구 한쪽에 아가씨 둘이 기울어 가는 석양을 배경으로 한 폭의 그림처럼 서 있었다. 애써 관심 없이 무심이 지나쳤다. 장항에서 내려 버스로 갈아탔는데, 이 무슨 인연이란 말인가. 우린 자리가 없어 통로에 서 있는데, 바로 앞에 그 아가씨들이 둘이 함께 앉아 있는 것이 아닌가. 어쩌면 좋은 인연이 생길 것 같은 예감에 모든 용기를 동원했다.

그 당시 흔한 방법으로 사진을 찍고 보내 준다는 핑계로 주소를 물었다. 당연히 좀 더 예쁜 아가씨에게 주소를 물었는데 옆에 아가씨가 주소를 적어 건네줬다. 버스에서 찍었던 사진도 보내 주고 몇 번의 편지가 오고 가고 하면서, 처음에 주소를 물어본 예쁜 아가씨 주소를 적어 준 걸 알았다. 얼마나 반갑던지. 여러 번의 편지가 오가며 서로를 알아 갔다.

큰 기대 없이 부대 안은 '적막강산'이라며, 면회를 오면 군 생활에 큰 도움이 되겠다고 엄살을 과장하여 편지를 보냈다.

그날도 오늘처럼 아카시 꽃이 부대 입구에도 산 위에도 하얗게 만발한 오월의 어느 날이었다. 그녀가 면회를 왔다. 마침 하얀 블라우스에, 하얀 재킷을 입고 얼굴이 아카시 꽃만큼 하얗다. 하얀 꽃과 같이 깨끗하고 청순한 이미지라는 생각이 들었다. 언뜻 한번 보기는 했지만, 처음으로 마주 보게 된 그녀의 첫인상이었다.

부대에서 외출을 받아 대천 바닷가 모래사장을 걸으며 지금은 세월 속에 묻혀간 많은 얘기를 나눴다. 흔들리는 파도만큼이나 설레는 가슴을 주체하기 힘들었다. 수평선 넘어 무지개 위를 걷는 듯 울렁거리는 마음을 진정시키며 시간 가는 것을 아쉬워했다. 경사진 모래 언덕을 올라오며 손을 내밀었다.

  내 눈을 잠시 응시하더니 손을 잡고 올라왔다. 처음으로 그녀의 손을 잡은 감촉이 꿈속인 양 아련하다. 그때 바라보던 그녀의 맑은 눈빛은 지금도 가슴 깊은 곳에 선명하게 자리하여 지워질 줄 모른다.

  그녀와 아쉬운 작별을 뒤로 하고 보령 군청에 다니던 친구 하숙집에서 하루 신세를 졌다. 그날 밤은 그녀에 대한 생각이 가득 차올라 한숨도 못 자고 하얗게 밤을 뒤척였던 젊은 날의 하루는 어디로 사라진 것일까.

  어느 날 갑자기 그녀에게서 옛날 군 시절의 인연이었다고 기억하느냐며 전화가 올지도 모른다는 허망한 기대를 해본다. 어쩌면 실현 불가능한 나만의 상상 속에나 존재하는 간절한 그리움의 표현인지도 모르겠다.

  처음 만난다면 무슨 말을 먼저 해야 할까. "안녕하세요. 오랜만이요. 어떻게 살아왔어요."라고, 해야 할까. 악수는 해야 하는지. 눈은 똑바로 바라볼 수 있을까. 너무나 많이 지나간 세월 속에 추억이 빛바랜 낙엽처럼 기억의 저편으로 멀어져 가는데 한 조각 추억이라도 잡아두려는 간절한 바람인지도 모르겠다. 해마다 아카시 꽃 피는 봄날이면 그녀에 대한 잔상만은 그대로 전해져 가슴앓이한다.

보통 사람들이 첫사랑은 가슴에 묻는다고 하는데.

 남자는 첫사랑을 잊지 못하고, 여자는 지나간 추억으로만 남는다는데, 어디에서 어떻게 살고 있는지 궁금하지만, 알 길이 없다.

 그렇게 그녀와 헤어지고 마흔다섯 번째 피는 아카시 꽃을 바라보며 첫사랑을 추억해 본다. 내년에도 후년에도 아카시 꽃은 계속하여 피고 지고 하겠지만, 첫사랑의 추억은 점점 기억에서조차 멀어져 안타까움만 쌓여간다. 다시 올 수 없는 세월이기에…….

 로버트 프로스트의 '가지 않은 길'에서 「노란 숲속에 길이 두 갈래로 났습니다./ 나는 두 길을 다 가지 못하는 것을 안타깝게 생각하면서」라는 시와 같이 그녀와의 갈림길에서 다른 방법을 선택했었다면, 지금의 삶은 어떤 삶을 영위하고 있을까. 많은 부분이 지금과 다른 삶을 살고 있으리라.

 어쩌면 아주 다른 삶을 살고 있을지도 모르겠다. 어디에서 어떻게 살고 있는지 행복한 삶을 살고 있길 바랄 뿐.

 내 첫사랑의 봄날은 하얀 아카시 꽃과 함께 마냥 흘러만 간다.

(2016. 5)

Ⅲ. 유람선과 봄맞이

유람선과 봄맞이

익산 백제 왕릉을 찾아

로마 여행

폼페이

앙코르와트 사원

톤렌샵 호수의 사람들

수원 화성을 가다

문학기행을 다녀와서

황순원 문학관을 찾아서

김만중의 발자취를 찾아서

유람선과 봄맞이

따스한 봄날이다. 남쪽에서 다가오는 봄날을 마중하려 동료들과 삼천포로 빠졌다. 삼천포항에는 커다란 배가 우리를 기다리고 있었다. 만 명이 타는 유람선이란다. 인산인해다. 젊은이들은 눈을 씻고 찾아봐도 없다. 어린이를 동반한 가족 몇 명 외에는 대부분 세월을 낚는 일 외에는 할 일이 없는 사람들로 보였다. 모두가 머리는 서리를 맞은 듯하고 얼굴에는 주름이 가득하다. 남, 여 간에 대화도 거리낌 없이 하는 것으로 보니, 초등학교 동창회나 친목 모임에서 단체로 온 관광객들이다. 유람선을 타는 관광에는 젊은이들이 선호하지 않는다는 것을 이제야 알았다. 배에 올라 간판을 향했다. 따스한 봄바람을 맞이한다. 갈매기가 떼를 지어 우리 일행을 환영하는지 분주하다. 가만히 바라보니 우리를 환영하는 것이 아니고 사람들이 던져주는 먹이가 목적이었다. 새우깡을 낚아채는 솜씨가 매를 능가한다. 과자를 들고 있는 손까지 날아와 낚아채는 모습이 잽싸다. 손쉽게 사람들이 던져주는 과자를 먹어, 고기를 잡아먹으며 살아가야 하는 본능이 퇴화한단다. 갈매기의 남은 생이 염려된다. 우리의 삶도 우선 편하고 쉬운 것만 찾다 보면, 갈매기처럼 본연의 자세를 잃어버리는 것은 아닌지. 잘못된 삶을 살아가고 있는 것 같아서 걱정이다. 우리는 본연의 삶을 유지하기 위하여 살아가는 과정마다 뒤돌아보며 방향을 바로 잡아야 한다.

지나온 삶을 뒤돌아보는 방법에는 여러 가지가 있을 테다. 나는 글쓰기를 통하여 지나온 삶을 뒤돌아보곤 한다. 글쓰기 속에서 잊고 있었던 추억을 음미하며 옆길로 향하는 삶의 방향을 바로 잡기도 한다.

봄바람을 타고 맨 아래층에서 들려오는 요란한 음악 소리가 귓가를 요동친다. 소리에 끌려 아래층으로 내려갔다. 좁은 공간에 사람들로 빼곡하다.

쿵쾅쿵쾅 음악 소리가 공간의 빈틈을 꽉 채우고 있었다. 번쩍번쩍 조명마저 음악에 취하여 분위기에 따라 흔들흔들 흔들렸다. 마도로스 모습으로 변장한 DJ가 화려한 말솜씨로 분위기를 부추긴다. 수많은 사람이 쿵쾅거리는 음악 소리에 몸을 맡겨 흔들거린다. 하늘에 어떤 원한을 품고 있는 것일까.

천장을 향해 쉼 없이 손가락으로 찌른다. 엉덩이를 씰룩씰룩, 발자국은 빈 곳을 찾아 쉴 새 없이 움찔거린다. 표정이 무아지경이다. 해탈의 경지에 이르면 저런 표정일까. 하회탈을 쓰고 춤을 추는 모습을 보는 것 같다.

어쩌면 이승에서의 마지막 소풍일지도 모른다는 조급함을 털어내려는 듯한 격렬한 몸짓이다. 언뜻 보기에도 이승에서 소풍의 기회가 그리 많이 남아있지 않을 것 같은 연령대로 보였다. 모두가 젊었을 적에 한가락 하던 솜씨처럼 보였다. 그 시절로 돌아가 추억 속에서 헤매는 표정이다.

 옛날 언제였던가. 논에 나가셨던 아버지가 잡아 오신 미꾸라지를 세숫대야에 넣고 소금을 뿌리면 꿈틀대던 모습을 보는 것 같다. 미꾸라지 생각에 빙긋이 웃음을 머금었다.

 나는 출입구에 서서 딴 세상을 보는 것처럼 방관자의 눈으로 바라본다. 어쩌면 저렇게 흥이 날 수 있을까. 노래방이 유행하기 전, 젊은 시절에 나이트클럽에 갔던 추억이 겹친다. 그때 나도 저렇게 흥겨웠었던가. 어쩔 수 없이 따라가 옷이나 지키고 있었던 것 같아 피시지 웃음이 났다.

 나는 그때나 지금이나 흥이 없다. 그래서 재미가 없는 사람이란 소리를 자주 듣는다. 나도 저들처럼 흥이 많았다면 어쩌면 지금 모습과는 조금은 다른 처지가 되었을지도 모른다. 출입문 밖에도 끼리끼리 무리를 지어 안에서의 흥이 남아있듯 어깨를 흔들흔들 여흥을 즐긴다.

 어떤 일에 재미나 즐거움이 일어나는 감정을 흥興이라 한다. 우리 민족은 유난히 흥이 많은 민족이란다. 몇 명만 모이면 노래를 부르고 춤이 빠지지 않는다. 옛날에 그려진 풍속화나, 어렸을 적에 보았던 환갑이나 결혼 잔치 날이면 항상 노래와 춤이 있었다. 어른들이 막걸릿잔을 기울인다. 젓가락으로 상을 두드리며 박자를 맞춘다. '도라지, 도라지 백도라지 심심산천에 백도라지' 하며 노래하면 옆에 있던 할아버지는 일어나 덩실덩실 춤을 추었던 장면이 앞에서 보이듯 눈에 선하다.

우리 민족은 수없이 많은 외침으로 고난을 겪었으면서도, 반만년의 역사를 유지할 수 있었던 것은 흥 때문이라고 어느 학자의 말을 들은 것 같다.

그만큼 흥에 겨운 민족으로 세계에서도 으뜸이란다. 아마도 낙천적인 생각이 어려움을 극복할 수 있는 근원이었던가 보다. 지금도 내외로 어려움이 많은 것 같다. 낙천적인 우리 민족의 저력으로 극복할 수 있으리라 믿어본다.

그렇게 따스한 유람선 상에서 봄바람을 맞으며, 아름다운 모습으로 옹기종기 작은 섬들이 모여 있는 남해안 풍경을 가슴에 담았다. 하루해가 서쪽으로 한참 기울어진 시간에 물밀듯이 유람선을 빠져나왔다.

유람선에서의 봄맞이 장면을 추억의 목록으로 한 페이지로 남겼다. 돌아오는 버스에서는 또 다른 요란한 봄맞이 행사가 기다리고 있었다.

(2023. 4)

익산 백제의 흔적을 찾아

 궁궐 후원의 야트막한 언덕에 파란 융단을 깔아놓은 듯 잔디밭이 눈부시다. 잔디밭 사이로 구불구불 곡선의 미를 최대한 살린 수로를 만들어 항상 맑은 물이 졸졸 흐르고 있었다. 주변에는 이름 모를 새들이 지저귀며 춘정春情에 활달한 날갯짓으로 하늘로 솟구친다. 하늘은 구름 한 점 없이 비취색이다. 봄볕이 온 천하에 고루 퍼지니 천하가 태평하다.

 무왕과 선화공주가 따스한 햇볕이 쏟아지는 파란 잔디 위를 걷는다.

 둘이 처음 만난 날을 추억하며 손을 꼭 잡고 산책한다. 왕위에 오르기 전 평민이었던 서동은 저잣거리에서 마장수를 하며 근근이 생계를 이어가고 있었다. 마장수를 하며 전국을 떠돌아다니다 선화공주의 소문을 듣고 선화공주와 결혼할 계략을 꾸민다. 다니는 마을마다 어린이들에게 마를 나눠주며 '선화공주님은 서동 서방을 밤마다 몰래 만나러 간대요.'라는 노래를 만들어 퍼트리게 하였다. 그 헛소문이 궁궐에까지 알려지게 된다. 왕은 소문을 믿고 공주의 행실에 화를 내며 쫓아냈다. 왕비는 쫓겨 가는 딸이 안타까워 금덩이를 싸주며 위로했다. 궁궐 밖으로 쫓겨 가는 선화공주 소식을 들은 서동이 다가가 만난다. 서동은 자신의 마음을 전하기 위해 '서동요'라는 노래를 지어 퍼트린 사연을 고백했다. 공주는 서동의 진심에 감동하여 그를 사랑하게 되었다. 가지고 온 금덩이를 서동에게 보여주니, 서동이 자신의 마밭에 많다고 하여 금덩이를 궁궐에 가지고 가 신뢰를 회복하여 정식으로 왕의 사위가 되었다. 후에 백제 무왕이 된 서동은 백제 중흥을 위하여 힘썼다.

국가 안녕을 위하여 미륵사지 절을 지어 5층 석탑을 건립하였다. 우리나라 석탑 중 지금까지 남아있는 가장 오래된 석탑이다.

선화공주와 서동의 사랑 이야기는 신분의 차이를 뛰어넘는 진정한 사랑의 힘을 보여주는 아름다운 전설이다. 이 이야기는 많은 사람에게 사랑의 진정한 의미와 그 가치에 대해 다시 한번 생각하게 한다. 그들이 사랑을 속삭이던 웅장했던 궁궐에는 돌기둥과 건물의 흔적만이 설렁하니 남았지만, 정원의 수로만은 구불구불 그대로 남아 맑은 물이 졸졸 흐르며 세월을 실어 나르고 있었다.

중학교 수학여행에서 본 경주에도 수로를 만들어 술잔을 띄웠던 포석정이라 이름이 붙여진 유물을 본 적이 있었지만, 이곳의 수로가 규모로 볼 때 비교될 수 없을 정도로 크다. 용도가 무엇일까. 술잔을 띄우기에는 수로가 너무 크고 깊다. 아름다운 경치를 위하여 만든 듯하다. 아름다운 사랑의 속삭임이 그대로 남아 물길 속에 들려오는 듯하다.

학창 시절 백제의 역사를 공주. 부여로만 배워, 백제의 왕궁이 공주와 부여만 있는 줄로 알았는데, 익산에도 있었다는 사실을 처음으로 배웠다.

넓은 잔디밭에 남아있는 왕궁의 흔적은 미륵사지와 함께 가장 규모가 큰 백제의 유적으로 꼽히는 곳이다. 백제의 무왕이 천도 혹은 별도의 어떤 목적으로 왕궁을 조성했겠다고 짐작한단다. 미륵사지는 왕궁으로 지어졌다가 후대에 주요 건물을 헐어내고 그 자리에 사찰을 지었다고 한다.

발길을 돌려 백제 왕궁박물관으로 향했다. 백제문화의 백미는 당연히 토기나 세공에 나타나는 섬세한 기술이다. 돌을 깎고 금속을 제련하는 섬세한 기술이 놀랍다. 놀라운 기술을 일본에까지 전수하여 일본문화에도 많은 영향을 끼쳤었음에도, 그 공을 잊고 수많은 침략으로 우리 민족을 괴롭혔다. 심지어 우리를 강점하여 우리 문화 말살 정책까지 펴지 않았던가.

결코 그 역사적 사실을 잊지 말아야 한다.

기울어져 가는 백제를 일으켜 세우고자 무왕은 익산에 왕궁을 지었으나 안타깝게도 꿈은 끝내 이뤄지지 못했다. 그의 맏아들 의자왕은 수도를 다시 부여로 옮겼으며, 많은 실정으로 백제는 망국의 길로 빠지고 말았다.

궁궐터 한쪽에는 수많은 백제 유물의 흔적을 쌓아 놓고 복원을 기다리고 있었다. 기둥이며 주춧돌 등 세월의 흔적을 간직한 채 어떤 기둥은 반으로 쪼개진 것도 있고 어떤 장식용 돌은 반이 없어진 것도 있어 안타까움이 더해진다. 마지막 목적지 왕릉원으로 향했다. 왕릉원王陵園은 왕과 왕비의 무덤을 이르는 '왕릉'과 왕세자, 왕족 등의 무덤을 이르는 '원'의 합성어이다. 익산 쌍릉은 1917년 일본인에 의해 조사가 이루어진 이후 지난 2018년 100년 만에 쌍릉(대왕릉)의 정식 발굴조사가 진행되어 지금까지 많은 연구자는 왕릉급이라는 막연한 추론에서 이제는 고분 구조의 분석을 통하여 그 피장자가 무왕이라는 사실이 밝혀졌다.

 일제강점기에 일본에 의해 무분별하게 발굴되고 많은 도굴꾼에 훼손되어 역사를 알 수 있는 자료들이 없는 상태란다. 또 다른 어떤 왕릉은 모두 도굴되어 누구의 무덤인지 언제 조성된 것인지도 모르고 있는 것도 많단다.

 나라가 힘이 없으면 조상들의 업적조차도 지키기 힘든가 보다. 남아있는 조상들의 훌륭한 유물을 잘 지켜 후대에 우리 조상들의 업적을 물려줘야 한다.

※ 2015년 유네스코 세계유산위원회(WHC)에서 백제 역사 유적지구(공주 지역에 2곳(공산성, 송산리 고분군), 부여 4곳(관북리 유적 및 부소산성, 능산리 고분군, 정림사지, 부여 나성), 익산 2곳(익산 왕궁리 유적, 익산 미륵사지) 등 3개 지역 8곳을 세계 유산으로 등재하였다.

(2024. 10)

로마 여행

 2월 초 바람이 차다. 아침 일찍 버스터미널에 동료 5명이 모였다. 오랫동안 준비해 온 이태리 여행에 나섰다. 들뜬 마음으로 인천 공항 버스에 몸을 실었다. 가이드를 만나 간단한 설명을 듣고 출국 수속을 마쳤다.

 같이 가는 일행은 23명으로 나이가 각양각색이다. 출신지도 제주도에서 서울까지 다양했다. 가이드는 연령대가 제일 많은 우리 일행 5명을 '독수리 오 형제'라 불렀다. 독수리 오 형제는 인천 앞바다 창공을 박차고 오르며 날갯짓을 시작하였다.

 로마는 이탈리아 중부에 있는 인구 430만 명이 살고 있는 수도다. 로마에는 세계에서 가장 작은 독립국으로 바티칸 시티가 있다. 인구가 900여 명으로 대부분 성직자다. 별도의 통치 기구가 있어 교황이 통치한다. 가톨릭의 총본산으로서의 상징적 의미와 미켈렌젤로의 '천지창조' 등 책에서만 볼 수 있는 훌륭한 예술작품을 직접 볼 수 있는 곳이다. 미켈렌제로는 교황의 명령에 따라 천장에

창세기 등 성서 내용을 그렸다. 교황청에 들어오는 사람들에게 교황의 위용을 자랑하려 최대한 화려하고 장대한 그림으로 장식했다. 거꾸로 매달려 그림을 그리느라 물감이 눈에 떨어져 말년에 장님이 되다시피 하였단다. 잠깐 고개를 들어 구경하는 것도 목이 아픈데 몇 년을 어떻게 버티며 그림을 그렸을까. 위대한 장인정신에 고개가 숙여진다. 세상에서 가장 큰 성 베드로 성당에는 십자가에서 내려진 예수를 무릎 위에 앉고 있는 성모 마리아를 조각한 미켈란젤로의 작품인 '피에타' 상이 유명하다.

바티칸을 나와 콜로세움으로 향했다. 로마를 상징하면 콜로세움이 으뜸이다. 거대한 원형경기장으로 AD 72년에 건설을 시작하여 80년에 완공한 콜로세움은 네로황제의 궁전 뜰에 있었던 인공 연못에 지어졌단다. 대형 원형 극장으로 검투사와 맹수들이 목숨을 걸고 하는 경기장이다. 80개의 출구에 5만 5천 명의 관객이 입장할 수 있는 어마어마한 건축물이다. 경기장은 4층 높이로 웅장함을 자랑한다. 바닥으로부터 2층 높이에 무대를 만들어 그곳에서 싸움시켜, 관중석에서 볼 때 실감 나는 경기와 현장감 있는 소리를 들을 수 있게끔 지어졌다. 평소 경기가 없는 날에는 호수처럼 물을 채워놓을 수 있도록 수로도 만들었다. 사람의 힘만으로 이렇게 큰 공사를 할 수 있었을까? 하는 의문이 들었다. 당시 로마인들의 기술 수준이 대단했음을 알 수 있었다.

수많은 전쟁과 지진으로 많이 부서져 복구공사가 한창이다. 복구한 부분은 확연히 차이가 났다. 완벽한 복구보다는 최소한의 복구로 현실감을 살렸으면 하는 아쉬움이 남는다. 외벽에는 벌집처럼 수많은 구멍이 보였다.

　건물을 건축하면서 금속 핀으로 고정했는데, 사람들이 그 금속 지지대를 빼다 팔아서 생긴 구멍이란다.

　경기장을 한 바퀴 돌아보며 그 당시의 모습이 보이는 듯 환상에 젖는다.

　많은 사람이 경기장으로 모였다. 왕과 신하들이 들어왔다. 왕을 향해 박수갈채가 쏟아진다. 왕은 손을 들어 답례한다. 왕이 자리에서 일어나 경기를 시작하도록 명령한다. 북이 울린다. 왼쪽 문이 열리며 투우사 두 명이 갑옷을 입고 나온다. 곧이어 오른쪽 문에서 굶주린 사자 두 마리가 뛰쳐나왔다. 싸움이 시작되었다. 관중들의 함성이 경기장을 가득 메운다. 관중 소리에 흥분한 맹수들의 울부짖는 소리가 하늘로 울려 퍼진다. 피와 살점이 튀긴다.

　관중들이 더욱 흥분하여 소리 지른다. 인간은 얼마나 잔인한 것인가. 꼭 목숨을 걸고 살생을 통하여 쾌락을 얻어야만 하는가. 네로 황제는 마을에 불을 질러 사람들이 불에 타 죽어가는 모습을 보고 쾌락을 느꼈다고 한다. 얼마나 악랄한 집권자인가. 그런 권력자의 말로는 역시 바람직하지 못했다. 그도 결국 부하의 칼에 찔려 죽었다. 그렇게 얼마나 많은 생명이 죽어갔을까.

　전쟁으로 죽고, 왕의 치적사업에 투입되어 죽고, 경기장에서 권력자들의 눈요기를 위하여 힘없는 양민들이 죽어갔다. 인간의 본성은 무엇일까. 악마 같은 마음이 우리의 본성이란 말인가? 늦게

나마 그들의 명복을 빌어본다.

경기장을 나와 로마 시내에 있는 트레비 분수로 향했다.

트레비 분수는 1732부터 30년간 만들어졌단다. 분수의 배경은 나폴리 궁전의 벽면을 이용한 조각으로 채워져 있다. 바로크 양식의 걸작이다.

이 분수의 물은 '처녀의 샘'이라 불리는데, 이는 전쟁에서 귀환한 목마른 병사에게 한 처녀가 샘이 있는 곳을 알려주었다는 전설이 있는 샘을 수원지로 사용해서란다. 뒤로 돌아서서 동전을 한번 던지면 로마를 다시 찾을 수 있고, 두 번 던지면 사랑이 이루어지고, 세 번 던지면 사랑하는 사람과 결혼한다는 전설이 있다. 많은 사람이 동전을 던지고 있었다. 나도 동참하여 다시 올 기회가 있을까 하는 의구심으로 동전을 한 번 던졌다. 이젠 비행기를 13시간씩 타야 하는 자신이 없어서다. 더구나 이번에는 우크라이나 와 러시아의 전쟁으로 비행기가 우회하여 15시간이나 걸렸다. 당사자들뿐만 아니라 모두에게 피해만 주는 전쟁이 인류의 역사와 함께해야 하는 이유를 모르겠다. 하루빨리 종식되기를 기원한다. 아름다운 로마. 시내 전체가 유물로 이루어진 고대의 도시.

언젠가 또다시 올 수 있기를 기대하며, 귀국길에 올랐다. 비행기 표를 받고 짐을 부쳤다. 비행기 탈 시간이 지났는데도 비행기가 오리무중이다.

우리는 이유도 모르는 채 집시가 되어 온종일 공항 대기실에서 서성였다. 비행기가 이유도 모르게 결항이란다. 다시 짐을 찾아 공항을 나가 예상치 못한 하루를 덤으로 묵었다. 그렇게 특별한 추억을 한 줄 더 만들었다.

　하얗게 눈이 덮인 알프스산맥을 발아래로 내려다보며 한 줌의 추억을 새록새록 새겨 넣었다.

(2023. 2)

폼페이

　며칠 전부터 원인 모를 매캐한 냄새가 솔솔 풍겨왔다. 가끔 천둥 치듯 땅이 흔들릴 정도의 소리도 들렸다. 불안했지만 괜찮을 거라고 하며 일상생활을 했다. 일을 마치고 늘 하던 대로 하루의 피로를 풀 겸 목욕탕으로 향했다.

　목욕탕에는 나만의 사물함이 있어 필요한 물건을 보관하고 있었다. 사물함의 표시는 내가 좋아하는 그림으로 표시하여 몇 년째 사용하고 있다. 뜨거운 온탕 속에 몸을 담근다. 피로가 스르르 녹아내린다. 느긋한 마음으로 욕탕을 나와 수건으로 물기를 닦는다. 천장은 둥근 아치형으로 주름이 잡힌 듯 골을 만들어 물방울이 바로 머리로 떨어지지 않고 벽면으로 흘러내렸다.

　내가 보기에도 썩 잘 만들었다고 생각하며 목욕탕을 나왔다. 나오면서 갈증도 풀고 친구들 안부가 궁금하여 선술집으로 향했다. 몇몇 친구들을 만나 와인으로 목을 축이며 친구들과 일상을 나눴다. 카페를 나와 가까운 거리의 빵 가게로 향했다. 마당 공터에 밀을 가는 방앗간에서는 말과 사람의 힘으로 밀을 갈고 있었다. 거기서 나오는 신선한 밀로 빵을 만들어 팔았다. 가족들이 먹을 빵을 한 바구니 사서 상가로 향했다. 상가에는 지정된 품목대로 여러 가지 생활필수품을 팔고 있었다. 간판에는 그림으로 가게의 이름을 대신했다. 채소와 생활필수품을 사서 마차를 타고 집으로 향했다.

모든 길에는 돌로 포장되어 비가 와도 질척거리지도 않고 깨끗하게 정돈되었다. 그렇게 가족들과 저녁을 먹고 북쪽을 바라보니 베수비오산에서 불꽃이 일어났다. 연기가 하늘로 솟구쳐 오르며 지축을 흔드는 천둥이 쳤다.

잠시 후 불길은 빠르게 마을을 삼킬 듯 달려들었다. 무슨 영문인지 몰라 가족들과 지하로 피신했다. 매캐한 냄새와 뜨거운 열기가 숨을 못 쉴 정도로 집안에 가득 차올랐다. 나는 코를 막은 채 의자에 앉아 멈추길 기다렸다.

뜨거운 열기와 숨을 쉬지 못할 정도의 냄새로 여기서 죽을지도 모른다는 생각이 들었다. 점점 숨이 막혀온다. 정신이 혼미해진다. 가족들은 모두 어떻게 되었을까. '누구라도 나 좀 구해주세요.'라며 소리치며 기도했다.

그렇게 길고 긴 이천년을 기다렸다. 이천년이 지난 어느 날 의자에 코를 막고 앉은 상태에서 하얀 석고로 다시 태어났다.

폼페이는 이탈리아 남부지방으로 로마제국의 휴양도시였다. 서기 79년 8월 베수비오 화산의 폭발로 도시 전체와 2만여 명의 주민이 화산재에 파묻히는 비극적인 운명을 맞이했다. 폼페이는 돈 많은 로마인들의 휴양도시이며 환락의 도시였다. 모든 도로는 돌로 포장되어 마차가 다니는 차도와 인도로 잘 발달한 현대식 도시였다. 목욕문화가 발달하여 지금과 비교해도 다를 것 없는 목욕탕이 지어졌고, 지금과 같은 구조의 빵을 굽는 화덕과 밀을 빻는 디딜방아가 그대로 남아 발굴되었다. 현대와 같은 수도 시설도 있어서 얼마나 발달한 도시인지 금방 알 수 있었다. 수도관을 납으로 만들어 사용하여 많은 사람이 납중독으로 고생했을 거라는 추측도 있단다.

얼마나 퇴폐적이고 환락의 도시였는가는 유곽의 발달로 알 수 있다. 유곽으로 향하는 길에는 마차들이 얼마나 많이 다녔는지 돌로 만든 포장도로가 닳아 마차 바퀴가 선명하게 남아있었다. 유곽의 입구를 표시하는 그림도 남성 성기로 대신하고 있었다. 유곽의 벽면에는 보기에도 민망한 남녀 간 사랑을 나누는 그림이 벽면을 가득 채우고 있어 미성년은 구경도 할 수 없었다.

그래서 일부 사람들은 폼페이가 너무 퇴폐적이고 환락의 도시로 신의 심판이 이루어진 것이라 말하기도 한다.

피하지 못하고 화산재에 묵혀 죽은 사람들은 대부분 돈이 많은 부자들과 노예들이라 한다. 자신이 이루어 놓은 재산을 버리기 아까워 피난을 가지 못하고 그대로 화산재에 묻혀 죽었단다. 가지고 있는 돈을 지키기 위해 모든 것을 한순간에 잃었다는 것은 현재에 사는 우리도 되돌아봐야 할 교훈이다. 아직도 현지에서 발굴 작업이 한창이다. 발굴 작업을 얼마나 섬세하게 이루어지고 있는지, 엎드려 하나하나 복원하는 장면이 장엄하기까지 하다. 저런 장인들의 수고로 우리가 옛것을 생생하게 볼 수 있구나. 속으로 고마운 마음을 전했다. 발굴 작업 옆을 지나며 작업에 방해되는 것 같아

미안한 마음으로 비켜 지났다.

　키 작은 가이드의 잰걸음이 얼마나 빠르던지 설명을 들으며 따라가기가 바쁘다. 좀 더 자세한 설명과 관람을 원했으나 23명이 한 팀이 되어 관광하는 단체여행으로 연령대가 각양각색이고, 출신지도 다양했다. 우리가 원하는 대로만 주장할 수가 없었다. 그때 화산재에 묻혀 운명을 다한 사람들이 마지막 숨을 거두는 장면을 상상해 본다. 그 당시에 나도 거기 있었다면 어떤 생각으로 어떤 말을 남기며 마지막 숨을 거두었을까. 어쩌면 그 당시의 인연으로 환생하여 지금 이 자리에 있는지도 모르겠다. 안타까운 마음으로 뒤를 돌아본다. 갑자기 매캐한 냄새와 뜨거운 불길이 몰려드는 것 같은 느낌이 들었다. 어쩌면 평생 다시 올 수 없을 것 같은 미련에 발길이 느려졌다.

　아쉬운 마음으로 뒤에 남겨진 화산재에 파묻혀 있던 고대도시의 잔해를 돌아보며 맨 마지막으로 나왔다.

(2023. 2)

앙코르와트 사원

 유네스코가 세계문화유산 문화유적지로 지정한 옛 크메르왕조의 흔적을 찾아 여행했다. 900년 전 캄보디아 밀림 지역에 지어진 앙코르와트 사원이다. 입구에서 사원의 모습을 바라본다. 웅장한 건물이 주변의 풍경과 어울려 아름답게 비춰진다. 해자垓字에 윤슬과 함께 일렁이는 웅장한 건물의 그림자가 어우러져 한 폭의 그림처럼 환상이다. 실제의 건물이 아닌 그림에서 볼 수 있는 신들이 산다는 환상의 세계에 온 듯하다.

 정선의 '인왕제색도'를 바라보는 듯 신비한 기운이 감돈다. 한동안 넋을 잃고 신비한 모습을 가슴에 담았다.

 앙코르와트는 동서로 1,500미터, 남북으로 1,300미터의 웅장한 사원이다.

 약 2만 5,000여 명의 인력을 동원해 37년 동안 건설했단다. 몇 겹의 성곽이 앙코르와트를 둘러싸고 있었는데 마지막 성곽 바깥은 폭 190미터의 거대한 해자垓字가 둘러싸고 있다. 사원을 둘러싸고 있는 연못은 외적의 침입을 막기 위한 것이 아니라 사원에 오는 사람들이 몸을 깨끗이 씻고 들어오라고 만들어졌단다. 가이드를 따라 해자를 건너 건물 안으로 들어갔다. 건물은 세 겹으로 된 회랑과 회랑으로 둘러싸인 중앙 사당으로 이루어져 있다.

세 겹의 회랑은 중앙 사당 쪽으로 들어갈수록 한 단씩 높아져 계단식 피라미드 형태를 이룬다. 제1회랑 벽면에는 크메르제국의 신화와 역사를 보여주는 벽화가 부조로 새겨져 있다.

박물관 벽화를 대강 훑어보듯 돌아보아도 족히 1시간은 걸릴 듯 엄청난 '4단 병풍식' 부조에는 힌두교의 서사시와 전투 장면이 묘사되어 있다.

800여 미터에 이르는 부조가 정교하기 이를 데 없다. 모든 조각품이 얼마나 사실적인지 사진으로 찍어 전시해 놓은 듯하다. 특히 전쟁하는 병사들의 표정, 말을 타고 달리며 창을 던지는 모습에서 병사들의 눈빛이 살아 움직이듯 하고, 말 등에는 땀이 서린 듯 반들거리기까지 했다.

물고기를 잡아 생활하는 일상의 모습에서 물고기 비늘까지 선명하여 살아있는 듯, 비늘 하나하나에 장인들의 땀이 녹아들고 삶이 녹아 있는 듯했다.

물고기를 물에 넣으면 바로 지느러미를 파닥거리며 헤엄을 칠수 있을 정도로 생동감이 넘쳐 보였다. 야자수 나무의 조각품에서는 잎줄기까지 선명하여 야자수가 곧 열려 따 먹을 수 있을 것 같이 살아있는 듯하다.

맨 앞에는 덩치 큰 코끼리 부대가 앞장섰다. 뒤로는 기마 부대에 이어 일반 병사가 뒤를 따랐다. 왕의 신뢰를 바탕으로 조직이 탄탄

하고 병사들 사기도 하늘을 찌를 듯하다. 수리아바르만 2세 군사력 앞에는 적수가 없었다.

　질풍노도疾風怒濤와 같이 진군하여 월남, 타이, 라오스 등 주변의 영토를 장악하였다.

　승리의 기쁨을 나누고 자신과 국가의 안녕安寧을 위하여 왕은 사원을 짓도록 명령하였다. 멀리서 장인을 모으고 건축할 수 있는 바위들을 채굴하였다. 우기에 메콩강에 뗏목을 띄워 운반하고, 육지에서는 힘센 코끼리를 동원하였다. 평지에서는 통나무를 돌 밑에 깔아 밧줄로 걸어 여러 명이 끌어 옮겼다. 큰 돌을 깎고 잘라 밑에서부터 쌓는 작업을 했다.

　건물이 높아지는 만큼 옆에는 흙으로 같은 높이로 성을 쌓아 올렸다. 흙으로 쌓은 성을 이용하여 돌을 이동할 수 있어 더 높이 건물을 쌓았다.

　그렇게 여러 번 반복하여 높은 건축물을 쌓으니 웅장한 성이 되었다. 건축물이 완공된 후 옆에 쌓았던 흙을 치우니 어마어마한 사원의 모습이 나타났다. 완성된 건축물 벽면에 조각을 시작했다. 왕을 중심으로 전쟁하는 모습, 왕의 일상생활, 백성들이 고기 잡는 모습, 주변에서 볼 수 있는 모든 것을 조각하였다. 37년간 밤. 낮없이 온 국가의 힘을 동원하여 완성하였다.

　그렇게 하여 웅장한 사원은 완공되었지만, 국가의 번영이 곧 개인의 행복이었을까? 수십 년간의 전쟁으로 핍박해진 국민은 또다시 대규모 역사役事에 동원되었을 테니, 개인적인 행복을 누릴 수 있는 여유가 있었을까?

한번 공사에 동원되면 죽어서나 나올 수 있었을 텐데, 아이를 낳고 키우는 평범한 행복은 어디에 있었을까. 국가에 희생된 보상을 제대로 받지 못했을 것 같다. 남편은 사원 건설에 동원되고 집에 남아있는 가족들의 어려운 생활이 그려진다. 여자 혼자서 아이들을 키우며 물고기를 잡아 연명해야 하는 비루한 삶이 조각품 위로 투영되는 듯하다. 누구를 위한 영광인가. 왕 한 명을 위한 수백만 명 국민 희생의 결과물이었을 텐데. 일반 백성들은 상당한 대가도 없는 일방적인 희생이었을 것이다. 그 많은 사람을 동원하고 통제하는 일부터 공사에 대한 설계, 균형을 잡고 수평을 맞추는 일, 무거운 돌을 올리고 운반하는 일, 크기에 맞게 재단하는 일 등 체계화된 기계도 없었을 것인데 어떻게 그것이 가능했을까. 밀림의 한복판에서 이루어진 신기한 일이다.

그래서 보존의 가치가 높다고 유네스코 유적지로 지정하였으며 세계 7대 불가사의한 건축물로 꼽혔었나 보다. 그때 선조들의 수많은 희생은 지금의 열악한 후손들의 먹을거리를 제공하고, 우리에게는 볼거리를 제공하고 있다. 그러나 정작 국가의 안녕을 위하여 사원을 짓고 기도하며 희생된 그 시절 일반 서민들의 삶은 얼마나 행복한 삶이었을까. 내 할아버지가 겪었던 일인 양 왠지 모를 슬픔과 분노가 안타까움으로 피어오른다.

비루했던 백성들의 모습이 떠올라 아름다운 조각상 위로 겹쳐 보인다.

(2018. 2)

톤레샵 호수의 사람들

　추운 날씨를 뒤로하고 따뜻한 남쪽 나라 캄보디아로 피난처를 향했다.
　우리나라 버스터미널보다도 작은 규모의 공항에 내렸다. 공간이동 후에 제일 먼저 해야 하는 일은 두꺼운 외투를 벗어 던지고 여름옷으로 갈아입는 일이었다. 추운 곳에서 갑자기 더운 나라로 날아오니 마음마저도 녹아내리는 듯 흐물거렸다. 열 아들 안 부럽다는 딸이 마련한 캄보디아 여행을 시작하였다. 제일 먼저 톤레샵 호수의 수상마을로 향했다. 주변이 모두 흙탕물과 쓰레기 천지다. 집이라고는 허름한 쪽배 위에 너덜너덜한 포장으로 비와 바람을 겨우 막을 수 있을 정도의 가림막뿐이었다. 뱃전 난간에는 빨래를 널어 말리는 중이었고, 뱃머리 쪽에는 해먹에 아이들이 흔들흔들 한가한 시간을 매달고 있었다. 배 끝 쪽에서는 아낙네가 음식을 만드는지 프라이팬에 지글지글 뭔가를 요리하는 듯 연기가 피어오른다. 아마도 방금 잡아 온 생선을 요리하는지도 모르겠다. 어두워서 안은 잘 보이지 않지만, 가재도구 등 생활에 필요한 물건들은 다

있는 것 같다. 배 위 좁은 공간에는 '오뉴월 개 팔자'라는 말이 어울리게 큰 개가 편안한 자세로 누워 눈을 지그시 감은 체 낮잠午睡을 즐기고 있었다. 그 옆에는 잎이 축 처진 잎을 가진 이름 모를 화분 두 개가 덩그러니 자리하여 좁은 공간을 채우고 있었다. 주변의 모든 풍경이 엇박자를 내듯 어울리지 않는 그림 같아 보였다. 열악한 환경 속에서도 애완견과 화초까지 키우는 수상마을 사람들의 여유가 삶을 지탱해 주는 것은 아닐까. 주변 흙탕물에는 깡마른 작은 아이가 반바지만 입은 채 고무통을 타고 노를 젓고 있었다. 놀이 중인지, 구걸을 나가는 길인지, 급한 것도 없이 한가하게 작은 나무 조각 하나로 흙탕물을 젓고 있었다.

선착장에 아이들에게 돈을 주지 말라고 영어, 중국어, 한글로 써 붙인 안내판이 떠오른다. 가이드 설명이 부모들이 아이들을, 앵벌이를 시켜 학교에 보내지 않아 도움은커녕 오히려 아이들의 장래를 망친단다. 그래서인지 예전에는 구걸하는 아이들이 떼로 몰려들었다는데, 지금은 거의 보이지 않았다.

톤레샵 호수는 동양 최대로 세계에서 세 번째로 큰 담수호다. 주변국들은 모두 석회암지대지만 캄보디아는 유일하게 황토라서 물이 모두 흙탕물이다.

건기에는 수심이 1미터 정도이고 우기에는 12미터로, 우기 때 걸린 쓰레기들로 물이 더러워 보였다. 그 흙탕물이 여기 사람들에게는 없어서는 안 되는 생활용수란다. 밥도 짓고 목욕하고 빨래도 하며 생활한다. 물은 끓여서라도 먹을까. 흙탕물에 빨래하면 깨끗해질까. 하는 생각이 들 정도로 불결해 보였다. 그래도 집집이 뱃전에

줄을 매달아 옷을 널어 말리는 중인 것을 보면 효과는 있나 보다. 곳곳에 말뚝을 박고 그물을 쳐 고기를 잡고 있었다. 몇 마리나 잡을 수 있을까. 흙탕물에서 잡은 고기 맛은 어떤 맛일까. 해캄이 지근거리고 맛이 없어 보이지만, 생각보다는 맛도 있고 유기물이 많아 고기가 많이 잡힌단다. 쪽배를 타고 수상마을을 한 바퀴 돌았다. 좀 큰 배에 깨끗한 집도 있고 아주 작고 허름한 배도 있는 걸 보면 여기서도 빈부의 차는 존재하나 보다. 빈부의 격차는 넘을 수 없는 벽이란 말인가.

수상마을이 생기게 된 연유는 일부 현지 크메르인들과 60년대 베트남 전쟁 때 전쟁을 피하여 피난 온 월남 난민들이 대부분이란다. 피난민들은 종전 후에도 고국에서 외면하고, 캄보디아에서도 거부하여 국적이 없는 사람들이란다. 보호해 주는 나라가 없으니 원하는 것을 호소할 곳도 없고, 해결할 대상도 없단다. 얼마나 어려운 궁핍한 생활일까. 치안은 어떻게 유지되는지. 복지라는 게 있기나 할까. 병원과 학교는 종교단체 등에서 지원해 주는 것으로 열악하게 운영되고 있단다.

약 15,000명이 거주하는데, 우리나라 종교단체가 지원해 주는 작은 학교에 한글 간판이 보여 반가움과 자부심으로 차오른다. 작은 쪽배에 생활필수품을 가지고 다니는 이동식 마트도 있었다. 쌓여 있는 음료수 캔이 먼지와 흙탕물에 꾀죄죄하다. 깨끗이 닦아 놓고 팔았으면 하는 마음 간절하다.

언젠가 텔레비전에서 캄보디아 어린아이가 부모들은 전쟁으로 죽고 할머니와 물고기를 팔아 생활하고 있는 것이 방영되어 심금을 울린 적이 있었다.

　그때 그 어린이도 이곳 어디쯤에선가 고기를 잡고 있을 듯하여 주변으로 고개를 돌려 본다. 길모퉁이에서 누추한 모습으로 고기를 팔고 있는 아이가 보일듯하다. 그 어린아이 눈에 비친 세상은 어떤 모습일까. 고기 몇 마리를 쟁반 위에 올려놓고 손님을 기다리는 아이의 애처로운 눈빛이 흙탕물 위로 아르거리다. 산다는 것은 무엇일까. 무엇 때문에 살아가고 있는 건지. 그래도 행복 지수는 캄보디아가 우리나라보다 높단다. '모르는 것이 약이다.'란 말과 같이 문맹률이 높아서 행복 지수가 높은 것인지, 실제 생활이 만족감에서 오는지는 모르겠다. 모든 것을 돈으로 해결하려는 물질의 풍요가 행복은 아닐지라도, 최소한 생활이 가능할 수 있는 만큼의 돈은 있어야 하지 않을까.

　작고 깡마른 젊은 여자가 쪽배를 타고 다가와 구걸한다. 옆에는 마르고 작은 아기가 누워있다. 돈을 주지 말라는 안내판 때문이었을까. 가이드의 안내 때문인지 누구도 손길을 내밀지 않고 외면했다. 주머니를 뒤져보니 만 원짜리뿐이다. 용기가 나지 않아 선뜻 건네주지 못하고 못 본 척했지만, 과연 용기 탓이었을까. 돈이 아까운 것은 아니었을까. 배에서 내릴 때까지 그 여자의 누추한 모습이 흙탕물 위로 일렁거리며 시야를 가렸다.

(2018. 2)

수원 화성을 가다

 꿈속에서 헤매고 있었다. 감미로운 데이트를 하고 있었던 것 같았다. "여보! 7시예요." 아내가 소리쳤다. 뭐! 왜 자명종이 안 울렸지? 엊저녁 분명히 6시에 맞춰났는데. 이것저것 따질 겨를이 없다. 후다닥 이 닦고 머리를 감고 씻었다. 머리가 마르기 전에 자동차에 올라 시동을 걸었다. 지름길을 머릿속에 그리며 직선도로로 달렸다. 그날따라 신호등은 나랑 억하심정이 있는지 반대로 깜박였다. 약속 시간은 7시 30분. 분침이 30에 도착하는 순간, 약속 장소 주차장에 들어섰다. 부랴부랴 버스에 오르니 모두 자리에 앉아 있었다. 꼴찌였다. 숨을 고르고 핸드폰을 확인한다. 술에 취했었지만 분명 자명종을 맞췄는데. 아뿔싸! 월요일에서 금요일까지 설정하고 진작 토요일은 빠져있었다.

 역시 술에 취하면 아무리 정신을 차린다 해도 실수가 따르기 마련인가 보다.

 문화탐방 일환으로 수원화성을 향했다. 보물 402호인 웅장한 팔달문을 시작으로 수원화성 답사를 시작하였다. 수원화성은 정조의 효심과 강력한 왕도정치의 실현이라는 포부와 한양도성 남쪽의 국방 요새로 활용하기 위하여 건축되었단다. 정조 18년에 착공하여 2년 만에 완공하였다. 공사 기간이 짧았던 것은 현재 기중기와 비슷한 거중기, 무거운 물건을 나르는 활차, 크레인인 녹로 등 과학기술의 발달로 가능했다. 동서양 축성술을 집약하여 18세기 과학, 건축 예술의 성과가 집약된 건축물로 평가받고 있다. 홍문관 정약용이 설계하고 영부사 채제공이 시공하였다. 1997년 유네스코 세계문화유산으로 등재되어 우리 유산을 널리 알리고 있었다.

성곽 아래 둘레 길을 따라 올랐다. 급하지 않은 오르막길 성벽을 따라 천천히 주변을 감상하며 걸었다. 성벽도 아름다웠지만, 주변의 구불구불 제멋대로 자라고 있는 소나무가 한 폭의 그림처럼 어울렸다. 서남 암문의 소나무 오솔길은 파란 하늘과 함께 환상적인 오솔길로 우리를 안내하고 있었다.

효원의 종 앞에 이르니 입구에는 매표소가 있고 종각 안에 커다란 종이 기다리고 있었다. 표를 사면 종을 칠 수 있단다. 1타는 부모님의 건강을, 2타는 우리 가족 건강을, 3타는 나 자신의 발전을 기원할 수 있단다. 우리가 도착한 시간이 점심시간인지라 표를 살 수 없어 타종은 할 수 없었다.

아쉬운 발길을 돌렸다. 팔달산 정상에 있는 서장대는 성곽 안과 밖을 살필 수 있는 요지로 정조가 '서성장대'란 편액을 직접 쓰셨다고 한다. 이곳에서 시내가 훤히 내려다보였다. 정조가 직접 군사들 훈련하는 모습을 관찰했던 곳이란다. 정조는 활을 잘 쏘기로 유명했는데, 마지막 한 발은 꼭 허공에 쏴서 겸손함을 보였다 한다. 정조의 겸손한 인간미를 느낄 수 있었다. 좀 지나 서노대에 도착했다. 서노대는 다연발 활인 쇠뇌를 쏘기 위한 높게 지은 시설이다. 화서문, 장안문을 거처 호수에 떠 있는 듯한 방화수류정에서 휴식과 함께 멋진 경치를 담았다. 당시 건설된 주요 시설물로는 문루와 옹성을 갖춘 4대문과 행궁, 암문, 수문 등 48개소가 있는데 모든 시설이 과학적이면서도 예술적인 가치가 높아 보였다. 당시 화성 건설에 관한 모든 과정은 '화성성역의궤'라는 책에 기록으로 남아 있다. 화성과 행궁을 건축하며 자세한 설명과 그림으로 그려져 있어 성이 무너지면 그대로 복원할 수 있단다.

거중기의 자세한 그림도 그려져 있어 세계 최초로 금속활자를 발명한 선조들의 기록 정신이 놀랍다. 세계문화유산에 화성과 함께 등재된 책이다.

오후에는 박물관을 거처 현륭원顯隆園으로 향했다. 융건릉隆健陵은 사적 제206호로 지정된 문화재로 장조(사도세자)와 그의 비 헌경왕후(혜경궁 홍씨)를 합장한 융릉隆陵과 그의 아들 정조와 효의왕후를 합장한 건릉健陵을 합쳐 부르는 이름으로 경기도 화성시 안녕동에 있다. 넓은 잔디밭에 이루어진 왕릉의 규모도 컸지만, 주변의 자연환경과 어우러져 한 폭의 그림처럼 아름다웠다. 정조는 평생 13차례 현륭원을 원행하였다. 그중 어머니 회갑을 기념한 을묘원행이 가장 규모가 컸다. 정조는 이때 행차 전모를 기록한 '원행을묘정리의궤園幸乙卯整理儀軌'를 발간하였다. 회갑 행사 세부 일정은 물론 행사에 참여한 사람의 명단, 매일 식사 때 먹은 음식과 재료의 종류와 양, 비용을 날자 별로 서술하였다. 행사에 쓰인 도구와 모습도 그림으로 그려 넣었다. 1,700여 명의 인물과 800여 필의 말들이 행진하는 63페이지 분량의 반차도班次圖가 유명하다. 반차도는 국가 의례에 예모禮貌와 위엄을 갖추기 위해 반차班次를 숙지시키고 검칙하기 위한 용도로 제작한 책이다. 정조는 효심이 높기로도 유명하다. 어머니 회갑연을 대규모로 연 것을 비롯하여 행궁에 머물 때, 주변의 연로한 백성 400명을 초청하여 연회를 베풀고 지팡이를 선물하여 효심이 깊은 군주임을 알 수 있었다.

 정조의 효심을 거울삼아 시골에 혼자 계신 94세의 어머님에 내가 취해야 할 자세를 다시 생각해보는 계기가 되었다.

 화성의 역사와 정조의 혁신 정신에 대한 역사 인식을 새롭게 느낀 하루해도 뉘엿뉘엿 저물어 간다.

(2023. 2)

문학기행을 다녀와서

　빛바랜 단풍이 반쯤 남은 가을도 막다른 길목을 서성이는 날 아침. 차가운 바람이 일렁일 듯도 한데, 마치 봄날 아침 인양 햇살이 따사롭다.
　우리는 초등학교 소풍 떠나듯 설레는 마음을 안고 진천에 있는 조명희문학관을 향하였다. 어둑해지는 저녁에 그것도 마스크로 얼굴의 반을 가린 상태로 만나야 했던 서먹서먹했던 문우들이다. 온 지구를 덮친 코로나 때문에 마스크는 필수다. 오늘도 역시 마스크를 한 상태로 출발하지만 가까이에서 얼굴을 마주하고 대화하며 하루를 같이 보낼 수 있는 날이다. 마치 오랫동안 폐쇄된 곳에 갇혀 있다 해방되는 것처럼 홀가분했다.

　이름만 어렴풋이 들었던 포석 조명희 선생 기념관. 먼저 눈에 띄는 것이 문학관 정면에서 우리를 반겨주는 선생님의 동상이다. 여느 동상과는 사뭇 다르다. 얼굴 등 살결이 금색으로 채색된 것도 그렇고, 다소곳이 책을 옆에 끼고 있는 자세가 아니라, 활기차게 호랑이가 포효하는 듯한 역동적인 자세가 남다르다. 동상의 자태에서 포석의 일생이 보이는 듯하다.

파란만장한 선생의 일생을 함축적으로 표현해 놓은 것 같다. 안내에 따라 전시실 안으로 들어갔다. 포석의 일대기를 바라본다. 포석은 1894년에 태어나 1928년 소련으로 망명하기까지 시대일보 기자로 근무하며 민족, 민중, 항일 작가로 활동하였다. 최초 희곡집인 '김영일의 사'를 비롯하여 최초 창작 시집인 '봄 잔디밭 위에'와 '낙동강'이란 소설을 발표하여 민족정신을 계몽하며 문학의 장을 개척하셨다. 소련으로의 망명 생활은 여섯 성씨를 이루고 있는 교포들이 만든 류성농민청년학교에서 조선어 교사로, 조선사법대학 교수로 재직하면서 조선의 혼을, 한글문학의 씨앗을 이국땅에 뿌려 민족의 자긍심과 독립 정신을 불어넣어 주었다.

1938년 중앙아시아로 강제 이주 정책과 관련하여 KGB에 일본 간첩 누명을 쓰고 체포되어 사형되기 전까지 소련작가동맹에 가입하여 문학 활동을 하며, 고려인 한글문학의 아버지로, 선구자로 추앙받았다. 이해하기 어려운 것은 어떻게 독립운동을 하신 분을 일본의 간첩으로 몰아 처형했는지 의아했다. 다행히도 1938년 무혐의 처분 후 복권되었다. 뒤늦게나마 우리나라에서도 2019년에 건국훈장 애국장을 추서 받으셨다. 포석은 문학의 모든 분야를 섭렵하여 시, 소설, 희곡, 수필, 동화, 평론 등 여러 분야에 업적을 남기셨다. 역설적으로 여러 장르에 활약하신 관계로 포석에 대하여 많이 알려지지 않았다고 한다. 물론 그 당시의 많은 선각자가 그랬듯이 좌익의 사상을 가지고 소련으로 망명하였기에 금기시하였을 것이다. 1988년 납·월북 작가 해금 조치로 비로소 포석의 문학이 빛을 보게 되었다. '봄 잔디밭 위에'란 시집의 머리말에는 포석의 정신이 그대로 녹아 있다.

「우리는 보들레르가 될 수 없으며 타고르도 될 수 없다./ 우리는 우리여야 할 것이다. (중략) 얇은 해 가만히 쪼이는 봄에 그 햇빛의 상한 마음을/ 저 혼자 아는 듯이 가는 바람이 스칠 때마다/ 이리저리 나부끼는 실버들 가지를 보라. /조선 혼의 울음소리를 거기서 들을 수 있다.」라는 머리글에서 선생님의 민족혼과 애국정신이 그대로 담겨 있는 글을 보며 가슴이 찡했다. 포석이 남기신 책들과 편지를 보고 우리 민족의 애환과 민족성을 잃지 않는 선생님의 불굴의 정신에 머리가 숙어진다. 2015년 선생의 고향인 진천읍 벽암리에 조명희 문학관을 개관하여 문학제, 백일장, 시 낭송경연대회 개최로 포석의 정신을 기리는 행사가 열리고 있다. 국내뿐만 아니라 해외에서도 연변 포석 조명희문학회를 비롯한 우즈백 타슈켄트, 러시아 블라디보스톡에 조명희 문학비 건립 등 국내외에서 포석을 추모하고 있단다.

친절하고 해박한 지식으로 자세히 설명해 주시는 해설사 덕분에 이름만 겨우 알던 선생님의 일생과 문학적 업적에 대하여 많은 것을 알게 되었다.

동상 앞에서 다 같이 기념사진을 찍었다. 사진을 찍으며 선생님의 민족정신과 문학에 대한 열정을 조금만이라도 닮았으면 하는 바람을 가져본다.

해설사와 아쉬운 작별을 하고 초평저수지로 향했다. 예약된 식당을 찾아 초평저수지 특산인 붕어매운탕을 앞에 놓고 서로의 마음을 열었다.

저수지 둘레 길을 걸으며 오늘 보고 배운 포석의 정신을 되새겨 본다.

호반에 비친 늦가을의 모습은 절정기의 가을 모습에는 못 미치지만 나름대로 환상적이다. 호수에 두타산이 그대로 빠져 있다. 아니 호수가 두타산을 꼭 안아 감싸고 있는 듯하다. 간간이 오가는 조각배들, 그 위에서 세월을 낚는 강태공들의 한가한 모습이 일렁인다. 반쯤 남은 단풍들도 호수로 빠져 있고, 우리도 서서히 호수로 빠져든다. 바람은 살랑살랑 호수 가에 일렁이고, 가을 햇살은 어깨 위에 내려앉아 하루를 더욱 포근하게 한다. 가을 햇살에 빨갛게 익은 고추잠자리 한 마리도 꼬리를 흔들어 반기는 듯, 호숫가를 넘나들며 동행을 자처했다. 둘레 길을 걸으며 많은 대화를 나눴다.

문학에 대하여, 삶에 대하여 각자 모습도 환경도 다르겠지만 문학을 향한 열정만은 한결같다는 생각을 해본다. 구름다리를 배경으로 기념사진을 찍고, 멀리 조각배를 향하여 렌즈를 향했다. 모처럼 동심으로 돌아가 웃고 떠들고 하루를 호수 위에 흔들리는 윤슬에 담았다. 서쪽으로 기울어 가는 햇살이 두타산 꼭대기에 걸렸을 때, 어제와 다른 하루를 접으며 오늘을 뒤돌아본다.

(2020. 11)

황순원문학관을 찾아서

한 줌의 햇살이 은행잎을 더욱 노랗게 물들인 가을날 아침. 충북대학교 평생학습원 수필반 동료들과 조촐한 문학기행으로 황순원 문학관을 찾아 나섰다.

오랜만에 가을 나들이고 문학기행은 처음인지라 청명한 가을 하늘처럼이나 기분이 상쾌하다. 나이 드신 어르신들께서도 마음이 들떠 있는 듯 한 걸 보면 역시 소풍은 나이와 관계없이 모두의 마음을 설레게 하나 보다.

아침햇살을 가르며 두 시간 반을 달려 소나기 마을에 도착했다. 소나기 마을은 양평군과 선생님이 재직하셨던 경희대학교가 자매결연하여 선생님의 대표작 '소나기'의 배경이 된 양평에 문학 테마공원을 지어 선생님의 업적을 기리고 있었다.

소년과 소녀가 비를 피해 앉았던 수숫대 속에 앉아, 그때 그 소년이 되어본다. 그때의 설레는 마음을 상상하며 감성에 젖는다. 가슴이 두근두근한다. 덩달아 기분이 묘하게 둥둥 물 위를 떠다니는 듯 울렁임을 감출 길 없다.

아득한 먼 옛날, 첫사랑의 그녀와 처음 만난 날이 떠오른다. 하얀 모래밭을 거닐며 바라보던 그녀의 맑은 눈빛이 아련하다. 얼마나 설렜던지. 그날 밤은 잠을 이루지 못하고 하얗게 새웠다. 지금은 얼마만큼이나 변한 모습일까.

어디에서 어떻게 익어가고 있을까. 까마득한 세월은 반세기나 흘러가며 망각의 늪에 빠트려 기억조차도 가물가물하네.

잠결에 소녀네가 이사 간다는 말과 함께 소녀의 죽음을 전해 들은 소년의 마음은 얼마나 까만빛이었을까. 생마늘을 씹은 것 같은 아린 마음으로 학창 시절에 읽었던 '소나기'가 아득하다. 그때의 아련한 흔적이 아직 조각으로 남아있는 듯 짠하다. 나도 저렇게 순수한 마음을 가진 시절이 있었을까.

첫사랑의 추억이 아련한 걸 보면 소년의 심정을 조금은 알 수 있을 것 같다.

전시물 중에 선생님이 어느 지인에게 써주었다는 '文者求道之器也(문학 하는 사람은 도를 수행하는 것이다)'라는 글귀가 마음속으로 들어오며 가슴을 뭉클하게 한다. 문학은 도를 닦듯, 마음을 수양해야 한다는 뜻이리라.

수많은 책을 쓰셨는데 소나기, 카인의 후예 등 몇 권을 읽은 기억이 난다. 선생님의 글의 특징이라면 문장이 간결하면서 마음을 아련하게 하는 것 같다. 나도 선생님의 그림자 한 귀퉁이라도 닮아봤으면 하는 바람으로 선생님 유품들을 하나하나 살펴보았다.

문화해설사의 설명으로 많은 것을 듣고 배웠다. 선생님은 부유

한 집에서 태어나 일찍 문학에 정진하시어 104편의 단편과 8편의 중, 장편 소설과 104편의 시를 남기셨단다. 민족정신이 투철하시어 영어를 전공하였지만, 학생들에게 우리말을 가르쳐야 한다는 신념으로 국어를 택하셨단다.

성격이 불의에 타협하지 않은 대쪽 같은 성격이어서 국가에서 주는 훈장도 받을만한 일을 하지 못했다며 거부하여 돌아가신 후에 받으셨단다.

소년이 소녀를 업어 건너던 징검다리도 건너본다. 등 뒤로 소녀의 따스한 온기가 전해지는 듯하여 나도 모르게 가슴으로 작은 파문이 일어났다. 소녀를 업었을 때 묻었을 옷깃에 남은 그녀의 흔적을 바라보는 소년의 마음을 가늠해 본다. 분위기 조성을 위하여 만들어 놓은 인공 소낙비도 맞으며 그때의 분위기에 흠뻑 젖어본다. 분위기에 취한 상태로 두물머리로 이동하였다.

두물머리란 두 가지 물이 합쳐지는 꼭대기란 뜻으로 남한강과 북한강 물이 합쳐지는 장소라 하여 이름 지어진 곳이란다. 옛날에는 한양으로 가는 뱃길의 중간 기착지로 100호가 넘는 교통, 물류의 중심지였단다.

북한강의 양기와 남한강의 음기가 합쳐져 기가 넘치는 곳으로 많은 사람이 기를 받기 위하여 찾는다. 세상사 모든 삼라만상이 음과 양의 조화로 이루어지고 있는 것이니라. 음과 양이 만나는 지점이니 기가 얼마나 많이 넘치고도 남을까. 그래서인지, 선남선녀들의 만남이 대부분인 것 같다.

강물에 비친 단풍은 산속에 묻혀 산과 함께 강물에 풍덩 빠졌다. 산에 강이 있는 건지, 강에 산이 있는지 분간이 안 될 정도로 환상적이다. 강가에 비친 경치가 뛰어나 드라마 촬영지로 관광객이 넘쳐나는 곳이란다.

강이 보이는 쪽으로는 커피숍이 즐비하다. 마치 참새들이 전깃줄에 앉아 재잘거리듯, 강물 쪽을 바라보며 줄을 지어 손에는 커피잔을 들고 서로 대화에 열중하고 있다. 무슨 말을 하고 있을까. 젊은 연인들은 사랑의 언어를 쌓을 테고, 친구끼리는 옛날 동심으로 돌아가 옛 얘기를 더듬고 있을 거다. 나이 드신 분들은 자식 얘기나 젊었을 때 추억에 빠져 있으리라.

나도 저 대열에 끼어 있다면 무슨 말을 하고 있을까. 수많은 대화가 오고 간다. 웃고, 슬프고 그렇게 강물은 흘러간다.

마지막 일정으로 약 10분 거리를 이동하여 물의 정원을 갔다. 코스모스가 장관이었을 꽃밭에 왔으나 모든 삼라만상이 전성기가 있듯, 이미 코스모스꽃은 간곳없고 앙상한 뼈대만 남아 외로이 서 있었다.

그래도 다행스러운 것은 후대를 위하여 뾰족하고 까만 씨앗을 한 송이씩 매달고 '내년에는 더 많은 꽃을 피울 테야'라며, 지금의 초라한 모습을 감추고 시위하는 듯 서 있었다. 애처로운 마음에 씨앗 몇 송이를 따왔다.

내년에 시골 어머님 계신 집 언덕에 시집보내듯 피워 볼 참이다.

(2017. 11)

김만중의 발자취를 찾아서

 덜컹거리는 소달구지 위 창살에 갇힌 채, 고을에 모여 있는 백성들의 눈길을 애써 피한다. 무거운 형틀을 목에 채워 움직임도 불편하다. 초점 잃은 눈길은 달구지 바퀴에서 일어나는 흙먼지만을 응시한다. 이 행렬은 언제나 끝이 날거나. 남쪽 끝이라는데. 아무도 살지 않는 노도櫓島라는 섬이라는데.
 무엇을 하며 희망 없는 삶을 살아가야 하나. 끊임없는 당쟁의 소용돌이는 언제 끝이 날까. 모함과 질투에 얼마나 많은 피를 불러야 평화의 시대가 올까. 내가 살기 위하여 상대편을 죽여야 하는 살얼음 같은 정치판에 신물이 난다. 나는 언제 다시 한양으로 돌아갈 수 있을까. 어쩌면 그곳에서 죽을지도 모른다. 그렇게 하염없이 한양에서 남쪽 끝까지, 지옥같이 험하고 먼 길을 감금된 채로 끌려갔다.
 늦은 시간에 남해 벽련항에 도착하여 다시 나룻배를 빌려 타고 노도항을 향했다. 뉘엿뉘엿 바다 밑으로 사라지는 기다란 햇살을 바라보며 긴 한숨으로 답답함을 달래본다. 사공이 무슨 죄를 지었느냐고 궁금해하며 곁눈질로 묻는다. 서포 김만중은 못 본 체 고개를 돌리며, 헤쳐 가야 할 캄캄한 앞날을 헤아려 본다.

가을바람에 잎이 떨어지듯, 황금 들판이 하루가 다르게 변해가는 가을걷이가 한창이다. 성미 급한 은행나무도 노랗게 채색되며 가을을 재촉한다.

이제 본격적인 겨울 채비를 준비하나 보다. 아직은 해가 뜨기 전 이른 아침. 잠이 덜 깬 눈을 비비며, 남쪽 끝 남해에 있는 유배문학관을 찾아 출발했다. 남해에는 김만중, 김구, 남구만, 이이염, 류의양, 김용 등 180여 명에 이르는 유배자가 거쳐 간 곳이다. 유배객들을 기리는 공간으로 남해 유배문학관을 건립하였다. 남해유배문학관에는 유배자들의 생애와 문학작품들을 전시하고 있었다. 넉넉한 모습의 해설사는 해박한 지식으로 알아듣기 쉽게 설명했다.

유배문학관을 나와 벽련항으로 향했다. 노도는 육지에서 가까운 작은 섬이다. 벽련항과 노도항을 왕복하는 작은 여객선을 타고 뱃길로 10분 정도를 달렸다. 서포가 나룻배를 타고 건너갔을 푸른 바닷물을 헤치며 노도항에 닿았다. 노도섬에는 서너 가구의 주민들이 살고 있었다. 입구에는 서포 선생이 심었을지도 모르는 몇백 년 묵은 느티나무가 위용을 자랑하고 있었다. 가파른 언덕 위에 마을회관을 지나 서포가 생활하던 초가집이 외로이 서 있었다.

적막한 오두막집에서 무엇을 하며 하루하루를 보내셨을까. 지독한 고독을 창조의 원동력으로 승화시켜 끝없는 작품을 상상하고 쓰셨을 거다. 마루에서 내려다보이는 푸른 바다를 향하여 신세 한탄도 하며, 언제가 될지는 막연하지만, 다시 한양으로 가는 날을 손꼽아 기다렸다. 적적할 때마다 산을 한 바퀴 돌아보며 작품을 구상하셨으리라. 산 능선을 따라 문학 산책길을 만들었다. 가는 중간에 시화를 걸어 놓아 지나는 사람들의 감성을 자극하고 있었다. 산책길 끝날 때쯤에는 3층 규모의 서포 문학관이 있다. 김만중의 책과 유물들을 전시하고 있어 서포의 체취가 물씬 풍기었다.

서포 김만중은 병자호란 때 강화도에서 청나라 군대와 최후까지 항전한 김익겸의 유복자로 태어나, 어머니의 남다른 가정교육을 받으며 성장하였다.

김만중은 남해 노도 섬에서의 4년 귀양살이 중에 구운몽, 사씨남정기, 서포만필, 서포집, 고시선 등 주옥같은 작품을 남기고, 외로운 섬에서 56살의 나이로 영욕의 삶을 마쳤다. 김만중의 사상은 '국문가사예찬록'에서 '우리가 쓰고 있는 시와 글은 우리말을 버리고 다른 나라 말을 배워서 표현한 것이니, 이것은 단지 앵무새가 사람의 말을 하는 것과 같다'라고 하시며, 한글 사랑을 몸소 실천하여 '구운몽, 사씨남정기'를 한글로 썼다.

대표작인 '구운몽'은 유배지에서 완성한 소설로 문체가 우아하고 묘사가 세밀하여 사상적 깊이까지 있어 높이 평가 받는 작품이다.

'용왕님이 주는 술을 먹고 8선녀와 부귀영화를 누리다 깨보니 꿈이었다.'라는 내용으로 귀양지에서 어머님의 생일을 맞아 적적함을 달래주기 위하여 쓴 소설이다. 내가 본받아야 할 가슴 뭉클한 효심이다. 김만중의 효심을 바라보며, 나는 구순이 넘은 적적하게 홀로 계신 어머니를 위하여 무엇을 할 수 있는가. 소설을 써서 즐겁게 해드릴 수 있는 재주도 없고, 마음 깊이 우러나는 효심도 없다. 유배지에서조차 어머니를 걱정하는 김만중의 효심에서 나를 뒤돌아본다. 또 다른 대표작인 '사씨남정기'는 한림학사의 정실부인 사씨가 자식을 낳지 못하자 교씨를 첩으로 두었는데, 교씨가 모함하여 사씨를 쫓아내고 자신이 정실부인 자리를 차지하였다. 나중에 진실을 알고 교씨를 벌하고 사씨를 원상 복귀한다는 대표적인 '권선징악'의 내용이다.

 소설에 등장하는 주인공들을 형상으로 만들어 산책로를 따라 설치하여 또 다른 구경거리로 만들고 있었다. 푸른 바다가 내려다보이는 산책길에서 아름다운 풍광을 감상하며, 서포가 남긴 짚신 자국에 내 발자국을 포개며 걸었다. 선생의 누추한 유배 생활을 상상하며 능선을 따라 섬을 한 바퀴 돌았다.

 시원한 바닷바람 속에 아름다운 자연과 서포의 고독을 상상한다.

 하산하여 다시 벽련항을 향하는 배에 올랐다. 서포 선생이 낙심하며 건너갔을 그 뱃길을 따라 출렁이는 파도를 뱃전에서 맞는다.

 선생님이 남기신 고귀한 작품과 정신을 되새겨 본다.

(2022. 12)

IV. 새싹

새싹

미꾸라지의 추억

카톡예찬

경계선

땅콩 수확

빛바랜 흑백사진

코로나 잡기

파크골프의 매력

학교 도서관에서

사슴

새싹

　햇살 고운 정원에서 노란 생명이 움트는 산수유꽃의 비밀을 알아보려 들여다보고 있는 시간은 정지되었으면 하는 행복한 시간이다. 등 뒤로 겨우내 움츠렸던 게으름을 증발시키려는 듯, 햇볕이 내리쬐는 등위로 개미가 스멀스멀 기어가는 듯한 간지럼은 봄볕에서나 느낄 수 있는 감촉이 아닐까. 눈이 시려 반쯤은 감아야 앞을 볼 수 있고, 아른거리는 신기루를 볼 수 있는 시간도 봄철만이 가능할 것 같다. 아직은 앙상한 나뭇가지에 봉긋한 꿈을 간직하고 웨딩마치가 울리길 기다리며 입구에 대기하고 있는 신부처럼 다소곳한 꽃망울이 한 줌의 햇살을 기대하고 있다. 그 봉우리 속에는 어떤 색깔의 꿈 조각들이 숨어있을까. 얼마나 많은 꿈과 설렘을 간직하고 있는 것인가. 궁금한 마음에 미리 까 보고 싶은 욕구를 꾹 참고 있으려니 조바심이 난다. 발바닥이 가려운 듯 움찔거린다.

　봄볕이 바람 가득한 풍선처럼 온 누리에 가득 차올라, 곧 터질 듯이 팽팽하게 부풀어 오른다. 살금살금 살 곁을 간질이는 햇살의 유혹을 뿌리치지 못하고 텃밭에 나섰다. 손바닥만 한 밭을 갈아 비닐을 씌웠다. 작년에는 재배하기가 쉽다는 고구마와 들깨를 심었다. 수확의 이득보다는 새 생명이 처음 세상 밖으로 고개를 내밀 때의 신비로움을 맛보기 위해서다. 새싹들이 발산하는 연녹색의 아름다움이 주는 기쁨을 무엇과 비교할 수 있을까.

올해에는 작물 수를 더 늘려 땅콩, 옥수수도 같이 심기로 했다. 새싹이 잘 움틀 수 있도록 정성을 다해 심었지만, 미숙한 솜씨는 감출 길 없다.

어린 새싹들이 비닐 속에서 숨 막혀 허덕이지 않을지. 비는 자주 왔다지만 비닐에 가로막혀 땅속으로 스며들지 못하여 씨앗이 제대로 싹을 틔우고 있는지. 이래저래 궁금하기도 하고 걱정되어 시골집으로 향했다. 씨를 뿌리고 덮은 흙이 비닐 위로 봉긋 솟아올라 있었다. 씨를 뿌릴 때는 부드러운 흙이었는데 비에 젖었다 말라서 딱딱하게 돌처럼 굳어 씨앗을 뿌린 비닐 구멍을 막고 있었다. 주먹만 한 흙덩이가 솟아 있었다. 벌레가 그랬을까. 걱정스러운 마음으로 흙덩이 틈 사이로 손가락을 넣어 살며시 들어본다. 깜짝 놀랐다.

두더지나 벌레가 숨어있나 했는데, 여리디여린 하얀 새싹이 흙덩이를 힘겹게 바치고 있는 것이 아닌가. 흙덩이 사이로 비집고 나오고 있는 여린 잎끝은 틈새로 들어오는 햇볕에 연초록색으로 물들고, 밑줄기들은 아직 햇빛을 보지 못하여 하얗다. 신기하다. 손끝만 닿아도 사그라질 듯한 여린 새싹이 돌같이 딱딱하고 무거운 흙덩이를 어떻게 들어 올리고 있는 것일까.

강인한 힘의 원천은 무엇인가. 딱딱한 껍질을 깨고 세상에 나올 기회를 엿보던 씨눈에 적당한 물과 햇볕을 주면 뿌리가 내리고 새 생명이 자란다. 씨앗에 저장되었던 영양을 먹고 자란 새싹은 세상을 나오며, 씨앗의 껍질을 개선장군 모자인 양 자랑스럽게 머리에 쓰고 나타난다. 막 태어나는 모든 생명의 모습은 신비롭다. 마치 신기한 보물을 보는 듯하다.

일반상식으로는 이해하기 어렵다. 과연 저 신비로운 힘은 어디에서 나오는 것인가. 어떤 과학의 힘을 빌려서도 설명될 수 없을 것 같다. 초자연적인 힘이 새싹 끝에서 나와 무거운 흙덩이를 뚫고 세상 밖으로 나오는 모습은 차마 장엄하기까지 하다.

어둠이 깊은 땅속에서 새 생명을 틔워, 있는 힘을 다하여 세상 밖으로 나온다. 세상 밖으로 나오는 길이 너무 험난하여 있는 힘을 다해보지만 누르고 있는 흙덩이가 너무 버겁다. 흙덩이를 이기지 못하고 바로 밑에서 머리가 뭉그러져 죽어 가고 있는 새싹들이 많았다. 너무 깊게 심어져 연약한 힘으로는 무리였나 보다. 지난해처럼 가물어 싹을 틔우지 못할 것을 염려하여 좀 더 깊게 심은 것이 화근이었다. 여린 새싹을 죽어가게 만든 내 손이 미웠다.

흙덩이 밑에 뭉그러져 죽은 여린 새싹을 바라보니, 문득 차가운 물 속에 잠긴 세월호의 모습이 떠오른다. 차가운 바닷물 속에 갇혀 허우적거리는 어린 생명들의 모습이 보이는 듯하다. 캄캄하고 차가운 물 속에서 벗어나려 바동거렸을 아이들의 영혼은 어디쯤 떠돌고 있을까. 두려움에 떨어지지 않으려 서로 몸을 묶어 바동거리며 죽어 간 아이들이나, 땅속에서 사그라진 새싹들은 같은 마음이었으리라. 마지막 순간에 서로 무슨 말을 했을까. 얼마나 출구를 찾으려 바동거렸으면 손가락까지 뭉개졌을까. 죽어가는 새싹들 역시 밖으로 나가려 힘껏 머리를 들었지만, 역부족으로 머리가 뭉개져 썩어 가고 있는 모습이 안타깝다. "가만히 있으라."란 어른들의 말을 믿고 있던 아이들도, 숨도 쉴 수 없을 만큼 깊게 심어진 씨앗들은 그렇게 만든 어른들을 얼마나 원망하며 사그라졌을까. 후회와 함께 속죄하는 마음으로 죽어가는 새싹을 부드러운 흙 속에 다시 심었다. 살아날 가망은 없다.

이미 생장점이 썩어 불가능해 보이지만, 죄스러운 마음을 감춰보려고 기적을 바라는 심정으로 다시 심었다. 듬성듬성 이 빠진 듯 새싹이 나오지 못한 빈자리가 보기 흉하다.

빈자리에 또다시 씨앗을 심었다. 이번엔 얕게 심었는데 너무 얕게 심은 건 아닐까. 다시 심으려다 돌아섰는데 잘한 일인지 모르겠다.

(2018. 5)

미꾸라지의 추억

　추위로 잔뜩 움츠리고 있던 개나리가 노란 꽃을 활짝 만개하는 봄철이다. 개나리꽃을 시작으로 봄철을 아름답게 장식하는 꽃들의 잔치가 시작되었다. 아침부터 하늘이 어둑어둑해지더니 봄비가 여름 소낙비 내리듯 쏟아진다.
　빗방울이 마당에 튀는 것을 보며 유년 시절의 소낙비가 쏟아지던 어느 날의 하루가 떠오른다.

　어릴 적 어느 여름날 오후였다. 어른들은 들로 일하러 나가시고 나는 마루에서 낮잠을 자고 있었다. 느닷없이 소낙비가 지붕 위를 뚫을 듯이 쏟아졌다. 반쯤 감은 눈으로 마당을 내려다보니 빗줄기가 한 줄에 서 있는 듯했다. 장대비다. 물방울이 튀어 올라 시원함은 물론 후드득거리는 소리가 경쾌했다. 잠이 덜 깬 졸린 눈으로 빗줄기를 바라보고 있었다. 쏟아지는 빗줄기 속에 마당 한가운데 어디서 나타났는지 미꾸라지 한 마리가 빗물을 따라 꿈틀거리며 헤엄치고 있었다. 신기하다. 어디서 왔을까. 순간 처마 밑에서 비를 피하고 있던 할머니가 제일 아끼는 장 닭 한 마리가 냉큼 튀어나와 미꾸라지를 한입에 찍었다. 미꾸라지는 아프다고 온몸으로 저항해 보지만 날카로운 부리를 감당하지 못했다. 결국 장 닭이 물고 어디론가 사라졌다.

잠결에 소낙비 속에서 본 신기한 장면이었다. 미꾸라지는 어디서 왔을까?

하는 의문이 사라지지 않았다. 누구는 빗줄기를 타고 하늘로 올라갔다. 땅에 떨어지는 거라 하고, 어떤 이는 도랑을 따라 거슬러 올라왔다가 마당까지 오는 거라 했다. 어떤 것이 맞는 말인지는 지금도 아리송하다.

미꾸라지에 대한 추억은 운동회 때도 있었다. 초등학교 4, 5학년 때였다.

운동회에 달리기 시합이 있었다. 단순히 달리기만 하는 것이 아니고 중간 지점쯤 양동이에 있는 미꾸라지를 한 마리씩 잡아 골인 지점을 통과해야 하는 경기였다. 처음 출발을 선두로 달려갔는데 미꾸라지가 미끄러워서 잡을 수가 없었다. 간신히 손에 잡아 뛰려 하면 미꾸라지는 손아귀에서 빠져나왔다. 순간, '이렇게 미끌미끌 미끄러워서 미꾸라지라 이름 지어졌나 보다'라는 생각을 하며 억지로 한 마리 잡아 뛰었지만, 이미 다른 친구들이 앞서간 뒤였다. 미꾸라지가 원망스러웠던 운동회였다.

방학 때면 동생들과 수시로 논두렁 밑이나 앞 개울에서 미꾸라지를 잡았다. 겨울에는 논 가에 늦게까지 물이 남아있던 곳을 삽으로 파 고구마를 캐듯 겨울잠을 자는 미꾸라지를 잡곤 했다.

어느 여름 이른 아침에 아버지께서 여동생을 데리고 수로에 모여 있는 미꾸라지를 많이 잡아 오셨다. 잡아 온 미꾸라지는 세숫대야에 넣고 위에 소금을 뿌렸다. 온몸으로 저항하며 꿈틀대던 모습이 아득하다. 그렇게 깨끗이 씻은 다음 어머니께서 끓여 주신 추어탕을 땀을 뻘뻘 흘리며 맛있게 먹었던 기억이 새롭다.

미꾸라지는 붕어와 함께 우리 주변에서 흔히 볼 수 있는 토종물고기다.

언제부터 미꾸라지를 먹게 되었는지는 모르지만, 어렸을 때 먹을 것이 부족했던 시골에서는 영양식으로 추어탕을 즐겨 먹었다. 지금도 추어탕이 보양식이라고 많은 사람에게 인기다.

미꾸라지와 미꾸리는 무엇이 다를까? 미꾸라지가 충청도 사투리처럼 느껴지지만, 미꾸라지와 미꾸리는 엄연히 다른 종류다. 미꾸리는 몸통이 거의 원통형에 가깝고, 미꾸라지는 크기가 좀 더 크고 넓적한 원통형에 가깝다.

사는 곳 또한 전혀 다른 환경에서 살고 있다. 미꾸리는 주로 수온이 낮고 수질이 깨끗한 산골 계곡의 흐르는 물에서 살고, 미꾸라지는 고인 물을 좋아하고, 수질에 별로 영향을 받지 않을 정도로 논이나 도랑 등 아무 데서나 잘사는 물고기다. 미꾸리는 사철 활동하는 반면, 미꾸라지는 늦가을에서 이듬해 봄까지 겨울잠으로 월동하는 전혀 다른 생활 방식을 가지고 있다.

흔히 시골에서 보는 물고기가 미꾸라지다. 미꾸라지 하면 떠오르는 대표적인 것이 바로 추어탕으로 '추어'는 미꾸라지의 한자 표기다. 미꾸라지의 효능은 미네랄, 철분 성분이 풍부하게 함유되어 있어 몸을 보양하는 보양식이다.

　미꾸라지의 미끈거리는 성분은 뮤신의 성분이라 한다. 이러한 뮤신 성분은 혈관 건강, 피부 개선에 효과적이라 한다.

　그렇게 우리 생활과 밀접하게 존재하고 즐겨 먹는 보양식이지만, 미꾸라지란 말이 부정적인 의미로 많이 사용되고 있는 것이 낯설다. 어디에서든 자신의 이익만을 위해 약삭빠르게 행동하는 친구를 미꾸라지 같은 사람이라 하고, 법망을 교묘히 피해 법을 어겨가며 이익을 챙기는 사람을 법꾸라지라 하지 않던가. 우리는 그런 사람들 중 많은 사람이 성공하는 것은 종종 보아왔다. 그런 현상은 급격한 산업화로 인한 부작용은 아닐까. 사회 전반적으로 기초가 튼튼하지 못한 상태에서 급격한 변화에 따른 부작용일 거다. 이제 이만큼 선진국 대열에 들어섰으니, 모든 면에서 제자리로 돌아가야 한다.

　말로만 하는 정의, 평등, 공정이 정치하는 사람들만이 주장하는 말이 아닌, 우리 사회 전반에 튼튼하게 자리매김해야 할 때가 되지 않았을까. 뜻하지 않은 미꾸라지 생각에 삶을 뒤돌아보게 한다. 미꾸라지를 잡던 장 닭의 날카로운 눈초리와 미꾸라지가 저항하던 시골집 마당 풍경이 눈에 선하다.

(2018. 4)

카톡 예찬

우리는 언제부턴가 손바닥보다도 작은 컴퓨터를 항상 가지고 다닌다.

잘 때 말고는 몸에 지니고 있다. 잠시라도 떨어져 있으면 뭔지 모르게 허전하고 불안하다. 모두가 핸드폰에 중독되었나 보다. 핸드폰의 기능은 얼마나 될까. 젊은이들은 무궁무진하게 활용하지만, 우리 수준에서는 대부분이 전화, 문자나 검색 등 일부분만 활용할 수 있다. 그중에 제일 많이 사용하는 것이 카톡일 것이다. 나뿐만 아니라 모든 사람이 제일 많이 사용하는 듯하다.

남녀 세대를 떠나 모두가 사용하는 것 같다. 여기저기서 '카톡' '카톡' 소음 공해다. 나는 시끄러운 것이 싫어 무음으로 해놓고 가끔 확인한다.

모임 날짜 정하기, 회의 결과 보내기, 사진 보내기 등 가장 많이 활용한다.

퇴직 전에는 업무에도 많이 활용했었다. 현장에서 윗분에게 급히 보고할 것이 있어도 직접 전화하기는 어렵다. 상사가 회의 중일지,

아니면 면담 중인지 상황을 알 수 없으니 곤란하다. 카톡으로 보고하면 시간. 장소 불문하고 가능하다. 있는 그대로 현장 사진까지 보고할 수 있다. 카톡이 그렇게 편리하고 신속할 수 없다. 평소대로 하려면 사무실 귀청하여 업무보고서를 만들어, 상사가 집무실에 있나 확인하여 결재 신청을 한다. 결재 시간에 비서실에 가서 대기한다. 대기 순서대로 대면 결재를 할 수 있으니 얼마나 비효율적이고 시간 낭비인가.

며칠 전, 게으름으로 학교 지킴이 출근을 서두르게 되었다. 지갑만 챙기고 허겁지겁 출발했다. 뭔가 허전했다. 무엇을 잊은 걸까. 신호 대기 중에 주머니를 만져 보니, 아뿔싸! 핸드폰을 빠트렸다. 순간 유턴을 해야 하나. 아니다 되돌리기엔 너무 늦었다. 허전한 마음으로 출근했다. 모든 게 정지다.

제일 먼저 코로나 자가 진단 결과를 학교에 보내야 하는데 보낼 방법이 없다. 핸드폰에 저장된 앱에 입력해야 했다. 친구에게 전화도 올 텐데, 막연히 점심이나 하자는 약속은 어떻게 연락하나. 전화번호까지 핸드폰에 있어 기억할 수 없으니, 방법이 없다. 괜히 실없는 사람이 될 수밖에 없다. 어제 깜박한 부조금도 송금해야 하는데. 계속 곤두박질치던 주식도 오늘은 어떨까 궁금하지만, 확인할 방법이 없다. 단체나 모임에서 오는 카톡도 수북이 쌓일 텐데. 핸드폰 없이는 아무것도 할 수 없는 캄캄한 세상이다. 모든 일에는 반대급부가 있기 마련이다. 편리한 것 이면에는 불편한 것이 있기 마련인가 보다. 핸드폰이 없을 때는 중요한 전화번호는 몇 개씩 외우고, 나머지는 수첩에 적어 가지고 다녔는데. 지금은 외울 수 있는 전화번호도 없고, 수첩도 없으니, 핸드폰이 없으면 모든 게 정지다. 새삼 핸드폰의 위력을 실감한 하루였다.

요즘 아내 역시 카톡 삼매경에 빠졌다. 딸내미가 가족 간 소통을 편리하게 하려는 생각으로, 가족단체 방을 만들었다. 시도 때도 없다. 모든 일상생활이 카톡에서 이루어진다. 아내는 아이들에게 '밥은 먹었냐?', '퇴근했나', '시댁에는 자주 가니', '술은 조금만 먹고 일찍 들어가라'라는 등 시시콜콜한 내용을 수시로 보낸다. 아들은 바로 답을 하는데 딸은 늦을 때가 많다. 그러면 아내는 다시 안달이다. 아들은 자상한데 딸은 인정이 없다고 불평불만이다.

덤으로 나 역시 직접 참여는 안 하지만, 아이들 일거수일투족은 물론, 사돈네 가정사까지 일어나는 일을 소상히 꿰고 있다. 궁금하기는 한데 직접 물어보기 껄끄러운 것도 모두 알 수 있어 좋다. 어쩌다 아내가 바빠 카톡을 못 올릴 때면, 아들이 먼저 '어째 조용하실까'라며 먼저 카톡을 보낸다.

일상생활에서 멀리서 살고 있는 아들. 딸과 직접 전화해야 하는 등 중요한 일은 별로 없다. 직접 전화하기는 불편하고. 시간과 장소에 구애받지 않는 카톡으로 소통하는 것이 편리하다. 딸은 음식 등 살림에 필요한 것을 물어오고, 아들은 친구 대하듯 스스럼없이 엄마와 소통한다. 어떤 방법이 됐건 대화하면 할수록 대화거리가 생기고, 정이 생기는 것 같다.

카톡이 우리 가족 간의 거리를 좁혔다. 좁혀진 거리만큼 가족 간의 유대와 행복은 늘어났다.

　아내는 아이들이 카톡으로 보내주는 이모티콘을 보며 어린애처럼 깔깔거리며 좋아한다. 그런 때 아내의 모습은 순진무구하다. 이모티콘에는 동물원 세상이다. 귀여운 동물들의 잔치다. 이모티콘 속에는 일상생활에서 볼 수 있는 희로애락을 동물들이 재연한다. 강아지가 재주를 넘으며 웃는 모습, 곰이 눈물을 흘리며 우는 모습, 이름 모를 동물이 째려보는 눈이 신기하단다.
　동물들의 재롱 잔치는 끝이 없다. 이모티콘 따라 같이 울기도 하고 웃기도 하며, 나 보고 이것 좀 보라며 핸드폰을 내민다. 아내도 흉내 내고 싶다며,
　"나도 이모티콘 사용할 수 있게 해줘 봐요" 한다.
　"기본으로 제공하는 것 외에는 추가로 돈을 주고 사용하는 거야" 하니 그냥 쓴단다.
　작은 삶의 행복이 살며시 다가온다. 이런 것을 '소확행'이라 하던가.
　지금도 아내는 핸드폰을 들여다보며 카톡 삼매경에 빠졌다. 아이들 생활하는 모습이 카톡 속에서 보인다. 카톡 속에는 우리 삶의 모습이 통째로 들어있다. 입가로 보이지 않는 작은 미소가 번진다.

(2022. 4)

경계선境界線

　찬바람을 잔뜩 머금은 바닷바람은 파도를 모래 위로 밀어 올려, 하얀 거품을 토해 내고 쏜살같이 달아난다. 먼 곳 수평선에서부터 달려온 파도는 바위에 부딪혀 하얗게 부서지고 흩어지기를 수없이 반복하며 억겁億劫의 세월을 실어 나르고 있었다. 동해바다 특유의 푸른 물결을 밀고 오는 바람이 차다. 푸른 바닷물에 묻어오는 바람조차도 청명한 파란빛으로 차창에 어리다.
　초겨울의 차가운 바람을 맞으며 북쪽을 향하여 끝없이 달려갔다.
　바닷바람을 맞이하고 서 있는 해안가의 촘촘한 철조망이 북쪽과의 경계境界가 가까워지고 있음을 알리고 있었다. 곳곳에 총을 든 군인들의 삼엄한 검문으로 분위기를 더욱 무겁게 붙잡고 있었다. 여러 차례의 검문을 통과한 끝에 통일 전망대에 오르니 바람은 더욱 차다. 날씨마저도 얼어붙은 분단선의 분위기에 동조하는가 보다. 한겨울의 추위를 능가한다. 전망대에 올랐다.
　망원경 둥근 원안으로 보이는 푸른 동해로부터 민둥산을 거쳐, 금강산까지 보인다.

경계선境界線은 이곳뿐만 아니라 우리가 살고 있는 모든 곳에 존재한다. 집과 집 사이에도 있고, 도시와 도시, 국가와 국가 사이에도 있어, 그 선을 지키느라 모든 힘을 쏟는다. 경계선은 우리 마음 속에도 존재하여, 사람과 사람 사이에 보이지 않는 선이 있다. 친한 사이일수록 경계선은 흐릿하여 많은 것을 공유하고 소통하지만, 모르는 사이에는 견고한 장벽에 막혀 경계警戒가 심하다. 단단한 경계를 허물기 위하여 각종 모임을 만들어 친교를 넓혀나가는 것이 우리가 살아가는 일상이다. 우리나라는 특히 모임이 많다. 조금만 인연이 닿으면 모임을 만든다. 학연, 지연, 직장 등 작은 인연이라도 있으면 동문회, 친목회, 향우회를 만들어 소통한다.

누군가는 그래서 우리나라는 파벌이 심하다고 했다. 어느 곳이건 파벌은 있게 마련이지만 우리나라는 특히 심한 것 같다.

우리 민족의 제일 큰 아픔인 남과 북의 경계境界에 서 있다. 경계선을 지키기 위한 초소가 렌즈 안에서 보일듯하다. 군인들의 모습이 보이는 듯 가깝게 느껴진다. 능선 너머에는 보이지 않지만, 북쪽 초소가 우리와 똑같이 대치對峙하고 있으리라. 양쪽 초소가 걸어가도 몇 시간이면 도달할 것처럼 가깝게 느껴진다. 그러나 실제 서로의 초소를 왕래하기는 불가능하니 얼마나 먼 거리인가. 초소가 없어져야 그곳을 갈 수 있을 텐데. 초소가 없어지기까지는 얼마나 많은 파도가 밀려와 부서지며 세월이 흘러야만 가능할 것인가.

바람이 세차게 북쪽으로부터 불어온다. 대치對峙하고 있는 분위기만큼이나 냉랭한 찬바람이다. 초소 안의 풍경을 상상해 본다. 구릿빛으로 그을린 얼굴에 살벌한 눈빛만 번뜩이고, 긴장하며 경계警戒

를 보느라 한시도 마음 편히 쉴 수도 없을 거다. 군화도 벗지 못하고 잠을 잘 수밖에 없을 테고, 말도 함부로 할 수 없는, 숨소리조차 들리지 않는 차가운 공기만이 가득한 좁은 공간이리라. 초소 뒤쪽 먼 곳으로 노래와 사진으로만 보았던 금강산의 아름다운 자태가 보인다. 어쩌면 저렇게 아름답게 빚어졌을까. 신의 작품임이 틀림없다. 현실 세계가 아닌 신만이 사는 세상 같다.

한동안 금강산 방문이 가능했던 시절이 있었다. '나도 얼마 있으면 갈 수 있겠다.'하고 기다리고 있었는데, 정권이 바뀐 뒤로 통로를 틀어막고 있으니, 이제 언제 가볼 수 있을지 기약조차 할 수 없는 미지의 땅이 되고 말았다. 강대국의 힘겨루기로 같은 말과 글을 쓰는 하나의 민족이 둘로 갈라져 적대시하고 있다. 이미 지나온 과거의 사실은 어쩔 수 없다 하더라도 서로를 인정하고 친한 감정으로 바라볼 수는 없는 것인가. 정권의 성격에 따라 조금은 완화되기도 하다, 금방 전쟁이라도 날 것처럼 날카롭게 대치하기도 한다. 북쪽이 강하게 나오니 우리도 똑같이 받아쳐야 한다고 하면 언제까지 이렇게 지내야 하는 것인가. 양보가 미덕이라고 배웠는데, 양보하면 큰일 나는 줄로 생각하고 일반 국민을 오도하는 세력들이 있으니, 이 무거운 분위기는 언제 바뀔지 요원하다.

멀리서나마 망원경의 힘을 빌려 북쪽을 바라보니 마음이 짠하게 울려온다.

엎드리면 코 닿을 곳이지만, 갈 수도 없고, 감히 바라볼 수 없을 만큼 아주 멀리 있다. 요즘 들어 점점 더 멀어져 가는 분위기다. 왜 우리 땅임에도 가볼 수조차 없는 곳이 되었을까. 누구를 원망해야 하나. 누구의 잘못이란 말인가. 불과 몇 발짝 떨어져 있지 않은 거리지만 우리가 감히 갈 수 없는 금단의 땅이라 생각하니 마음이 울컥해진다.

직접 분단의 현장을 와보니 평소에 실감하지 못하던 분단의 아픔이 밀려온다. 북쪽도 우리와 같은 형제들인데, 서로 타민족보다도 더한 원한을 가지고 서로의 빈틈을 노리고 있지 않는가. 우리는 얼마나 큰 노력과 힘을 이 경계境界를 지키기 위하여 쏟아붓고 있는가. 양쪽에서 경계警戒를 위해 쏟아붓는 힘을 다른 곳에 이용할 수 있다면, 우리는 세계에서 으뜸가는 최강대국이 될 수 있을 텐데. 언제나 그날이 올 수 있을까. 아쉬움이 한없이 더해간다.

80년대 온 나라를 눈물의 도가니로 빠뜨렸던 이산가족 상봉 모습이 북쪽 하늘가로 펼쳐진다. 백발이 성성한 어머님이 늙은 아들을 끌어안고 오열하는 모습도, 신혼 3일 만에 이별한 노부부의 포옹, 얼굴도 모르는 유복자 자식의 절을 받는 할아버지의 모습에서 얼마나 아름답고 가슴 아픈 사연을 보았는가. 이제 그마저도 볼 수 없는 현실이 되어 안타까울 뿐이다.

며칠만 안 보여도 보고 싶은 것이 가족인데, 70년 가까이 떨어져 볼 수 없으니 얼마나 한이 맺혔을까. 이제 얼마 남지 않은 그분들의 여생을 생각하면 마음이 저려온다. '죽기 전에 얼굴 한번 보고 죽는 것이 소원'이라는 어느 할아버지의 모습이 처연하게 떠오른다.

독일의 베를린 장벽이 무너졌듯, 역사 속에도 많은 나라들이 분열과 통일을 반복하며 발전해 왔다. 우리도 언젠가 통일의 날이 반드시 올 수 있을 것이라 기대한다. 그날이 언제인가? 이산가족들이 살아 있을 때 만남의 소원을 풀어줄 수 있는 날이 왔으면 좋으련만, 미약한 힘이나마 보태고 싶지만, 과연 어떻게 해야 하는지 아득하기만 하다.

찬 바람이 세차게 불어오는 철조망과 초소가 없어지는 날이 언젠가 꼭 오리라 믿으며 북쪽 하늘을 원망스러운 눈빛으로 바라본다.

(2020. 12)

땅콩 수확

 가을이 점점 익어간다. 남들은 땅콩을 다 캤는데 우리는 언제 캘 거냐고 어머님이 걱정하신다. 더구나 낼 모래에 전국적으로 비가 온다는 예보다.
 내일 캐지 못하면 수확을 못할 것 같다. 남들보다 한참 늦은 초보 농부의 땅콩 수확을 더 이상 미룰 수 없다고 생각되었다.
 아내와 일찍 서둘러 시골집에 도착했다. 비록 작은 규모의 텃밭이지만 고구마와 땅콩을 캐야 하는 과정이 만만찮다. 먼저 고구마가 우선이다. 고구마 줄기와 풀이 엉겨 도무지 엄두가 나지 않는다. 우선 고구마 싹을 잘라야 하는데, 낫으로는 작업이 힘들 것 같다. 작은집에서 예초기를 빌렸다. 시동을 걸려고 줄을 힘껏 당겨도 반응이 없다. 이것저것 조절기 위치를 바꿔 봐도 숨만 헐떡일 뿐 반응이 없다. 벌초 때 해보긴 했지만, 동생들이 준비해 주면 메고, 풀만 깎아봤지. 처음부터 준비한 적이 없었다. 누구에게 물어볼 사람도 없다. 마침 조카도 동참하겠다고 왔다. 군 생활 중 예취기를 사용해 봤다고 기억을 더듬고, 인터넷 검색도 해보고 이것저것 조절하여 시동에 거는 데 성공하였다. 극심한 여름 가뭄과 더위 탓일까. 실뿌리만 잔뜩 매달고 고구마는 한 개도 맺지 못한 포기가 많았다. 같은 조건인데 어떤 싹은 결실을 보고, 어떤 싹은 결실을 못한 것을 보면 고구마 세계에도 우리 삶처럼 각각 다른 삶을 살고 있나 보다.

아쉬운 대로 고구마 수확을 마치고 땅콩 수확을 시작하였다. 고구마에 비하면 일도 아니다. 땅콩 줄기를 잡아당기기만 하면 된다. 크고 작은 알갱이들이 수북이 달려 나왔다. 풀과의 생존경쟁에서 용케도 살아남아 결실을 보고 나오는 것이 신기하다. 주인을 잘 만났더라면 제초 작업을 잘하여 좋은 환경에서 잘 자랐을 텐데. 그러면 알들도 충실하고 많이 달릴 수 있었을 터인데. 게을러 제초 작업을 못 하여, 풀밭인지 땅콩밭인지 구분이 안 될 정도로 풀이 땅콩을 덮어 버렸다. 생명을 유지하기도 힘들었을 여건인데 자식들까지 줄줄이 매달고 나오는 생명력이 기특하다. 작은 씨알 한 톨을 심었을 뿐인데, 한 포기에 어쩌면 그렇게 많이 달려 나오는지 대견스럽다. 많은 것은 수십 알도 넘게 매달려 나온다. 자세히 보니 알들이 모두 제각각이다.

아직 다 자라지 못하여 금방 태어난 듯한 알들은 여린 모습으로 겉모습도 제대로 갖추지 못하여 땅콩이라 부르기엔 부족하다. 곤충들의 먹이나 될 성싶다. 날씨만 따뜻하게 유지된다면 어린것들도 땅콩으로 구실을 할 수 있을까. 애처로운 마음에 땅에 묻어두고 기다려 보고 싶은 마음을 한 곁으로 밀어 놓는다. 어떤 알은 겉모습은 제대로 여문 것 같은데 까보니 속이 텅 비었다. 땅 위에서 어미가 햇볕을 받아 영양분을 만들고, 실낱같은 뿌리로 물을 빨아 먹으며 캄캄한 땅속에서 몇 달 며칠을 버티고 살았는데. 천신만고 끝에 뿌리 끝에 자리 잡아 혹처럼 불거져 자랐건만, 어찌 껍데기만 남고 알맹이는 어디로 사라졌는가. 애초부터 알은 만들지 못하고 집만 덩그러니 지은 것일까. 속 알맹이를 얻으려 심은 건데 땅콩 속이 비었다면 아무런 의미가 없다.

속이 빈 땅콩 껍데기를 보며 나 자신을 뒤돌아본다. 나는 어떠한가. 빈 땅콩처럼 겉모습만 있고 속은 텅 빈 것은 아닐까. 30여 년의 공직 생활 후에 무료한 생활과 아이들도 모두 출가한 지금이 나에겐 껍질만 남은 땅콩 같다는 생각이 든다. 빈 껍질 속을 무엇인가로 채우려 이것저것 시도해 보지만 여전히 허전하다. 허망한 껍질로 살아가야 하는가. 어떻게 살아야 알찬 땅콩처럼 속을 꽉 채울 수 있을까. 속이 꽉 들어찬 땅콩이 부럽다. 무엇이 원인인지 까맣게 썩은 알들도 많았다. 어렵게 성장하여 세상 빛을 보지 못하고 죽어가는 마음은 오죽했으랴. 벌레인지 두더지가 파먹어 껍질이 반만 남은 것도 있다.

여러 가지 형태의 땅콩들이 무더기로 달려 나왔다. 우리 삶처럼 땅콩의 세계에도 여러 삶이 모여 살아가는 듯하다. 한줄기에 여러 가지 땅콩의 군상들이 보인다. 한 포기의 땅콩에서 우리 삶의 모습이 보이는 듯하다.

주렁주렁 매달려 나오는 땅콩들을 보며 우리 형제를 생각해 본다. 옛날 할머니 세대에서는 자식을 10명 정도 낳아서 반은 잃고 4~5명 정도만 성장했단다. 어머니 세대는 한 가정에 5~6명의 형제는 보통이었다. 우리 세대는 어땠는가. '아들, 딸 구분 말고 둘만 낳아 잘 기르자', '둘도 많다.' 등 온갖 정책과 회유에 거의 둘 아니면 한 명씩을 두었다. 셋 이상 낳은 사람은 의료보험 혜택 등 모든 혜택에서 제외되고 주변에서 무식한 사람이라 흉을 볼 정도였다.

 한 치 앞을 보지 못하는 정부 정책이었다. 불과 몇십 년이 지난 지금은 인구 절감이 국가적인 문제로 대두되었다. 출산율이 세계에서 꼴찌란다.

 정부나 자치단체에서 아이를 낳으면 경제적 지원은 물론, 각종 혜택을 경쟁적으로 주며 출산을 장려하지만 쉽지 않다. 아무리 정부에서 출산을 장려해도 많아야 한 명, 아주 결혼 자체를 안 하는 젊은이가 많다. 집을 살 돈도 자식을 키울 여유가 없다는 이유에서다. 요즘 젊은이들을 삼포 세대라고 한다. 연애, 결혼, 출산을 포기하는 세대를 말하는 신조어가 생기기까지 하였다.

 아무리 당근책으로 유인해도 별 효과가 없을 것 같다. 국가가 부유하게 되어 아이를 낳으면 국가에서 육아 및 교육 모두를 책임질 수 있을 정도가 되면 인구 부족 문제는 해결될 수 있으려나?

 땅콩에서 다산多産을 배워야 할 때인가 보다.

(2018. 10)

빛바랜 흑백사진

집채만 한 커다란 은행나무. 한쪽 팔은 벼락을 맞아 검게 탄 상흔으로 움푹 파였다. 누추한 모습이지만 웅장하게 서 있었다. 상처 투성이의 노회한 모습에서 경륜과 수난을 함께 볼 수 있는 은행나무의 역사가 한눈에 보인다. 우리는 커다란 은행나무 아래 개미 떼처럼 옹기종기 모였다.

앞에서 내리쬐는 햇볕에 눈을 찡그리며 조리개에 눈을 맞추었다. 누가 누구인지 그냥 짐작으로만 알 수 있는 빛바랜 사진이다. 작은 흑백사진인데다 너무나 많은 세월 속에 바랜 모습인지라 나 자신도 어떤 것이 내 모습인지 짐작으로만 알 수 있을 뿐이었다. 촌스럽고 우스꽝스러운 모습으로 제각각 나름대로 폼을 잡고 찍은 모습이 개그콘테스트의 한 장면 같다.

요즈음 아이들 같으면 손으로 V자도 만들고 하트 모양도 하며 발랄하게 폼 잡고 찍었을 텐데. 얼마나 많은 세월이 흘렀는가. 초등학교 5학년 때인 것 같다. 50년 전 모습이니 그 모습이 기억날 리가 없겠지만, 그날의 소풍 전경만은 아직도 선명하게 가슴 속에 남아 아련하다.

　세월을 뒤돌아 빛바랜 사진 속으로 들어가 본다.

　아침 일찍 동틀 무렵이었다. 뿌옇게 안개인지 구름인지 어둑어둑한 날씨 속에 가랑비가 오는 듯 마는 듯 흐린 날씨였다. 3킬로나 되는 논둑길을 단숨에 내달려 약속된 장소에 왔지만, 대여섯 명만이 옹기종기 모여 있을 뿐이었다. 혹시나 하고 한참을 기다리다 허탈하게 되돌아왔다. 새로 산 운동화와 바지는 흙으로 얼룩져 엉망이 되었다. 밤새 엄마가 사다 준 운동화를 머리맡에 두고 꿈속인지 잠결인지 기차를 타고 소풍 가는 꿈을 꾸다 새벽같이 일어났다. 급한 마음에 서둘러 아침밥을 먹는 둥 마는 둥 허둥거리며 서둘렀다. 설레는 마음을 진정시키며 뛰어갔는데 비로 인하여 소풍이 취소되었단다.

　절망감으로 되돌아오는 길은 더 멀고 힘들었다. 소풍을 못 가는 것보다 새로 산 운동화가 흙으로 더럽혀진 것이 더 마음 아파했던 초등학교 5학년 때의 아련한 추억이다.

　며칠 후 증평에 다시 모여 기차를 타고 청주로 출발했다. 어떤 연유로 창문도, 의자도 없이 캄캄한 화물기차를 타게 됐는지 지금도 아리송하다.

　앞뒤 분간이 안 되는 어둠 속에서 천장 밑 작은 틈 사이로 햇살이 화살처럼 내리꽂히고 있었다. 한 줄기 빛 속으로 뽀얀 먼지가 폴폴 나는 것이 선명하게 보였다. 어린 마음에도 더럽다는 생각이 들었다. 손이고 옷에는 검은 먼지가 묻었다. 요즘 같은 세월에 초등학생들이 화물열차를 타고 여행 간다면, 젊은 엄마들의 난리 정도가 짐작된다. 아마도 해외 토픽감이리라.

　선생님들은 물론이고 교육감까지 물러나라고 야단났을 거다. 우리는 더러운 것도 모르고 어둠 속에서 장난치며, 기차 타고 도시로 여행한다는 즐거움에 들떠있었다. 가슴이 두근거릴 정도로 설레는 여행이었다.

　매년 소풍 간다고 앞 개울 모래밭에서 수건돌리기 게임만 하다, 오늘은 기차를 타고 큰 도시로 간다고 하니 얼마나 설렛던가. 친구 중에는 기차를 처음 타보는 친구들도 많았다. 멀리 기차가 지나갈 때면 뒷동산에 뛰어올라 기차 칸수를 세며 신기하게 구경하곤 했었다. 나는 그래도 큰집이 청주인지라 가끔 할아버지 따라 기차를 타보고, 확실하진 않지만 10시인지 12시가 되면 강제 소등되는 등잔불보다 몇십 배 밝아 눈이 부셔 움츠려야만 하는 전깃불도 구경해 보곤 하는 호사를 누렸다. 그때 우리 동네는 등잔불로 어둠을 밝히는 세상에 살고 있었다.

　기차에서 내려 중앙공원으로 향했다. 큰 은행나무 둘레로 사진사들이 모여 있었고, 그 사이에서 커다란 은행나무를 배경으로 사진을 찍은 모습이다.

　나중에야 그 은행나무 나이가 900년으로 충청북도기념물인 것을 알았다. 잎의 모양이 오리 발가락을 닮았다고 해서 이름이 압각수라고 한다. 중앙공원에서 연초제조창으로 이동하여 담배 만드는 모습을 견학하였다.

　공장 규모도 어마어마했지만, 자르지 않은 기다란 담배가 연속으로 지나는 모습이 신기했다. 어떤 선생님이었던가, 자르지 않은 기다란 담배를 둘둘 말아 주머니에서 꺼내 보였다. 기다란 담배가 신기했다. 마지막 일정으로 KBS한국방송에 가서 방송 소품을 신기하게 바라보던 추억이 새롭다.

그때는 라디오 방송으로 사발로 바닥을 두드려 말발굽 소리를 내는 모습, 셀로판지를 비벼서 내는 불꽃이 타는 장면 등을 보며 신기했었다.

서문 다리 위를 두 줄로 걸어서 무심천을 건너 이동했던 것 같다. 얼마나 촌스러웠는지 지나는 사람마다 우리를 신기한 듯 바라보았다. 교복을 입은 학생이 물었다. "어디에서 왔니?", "진천이유." 하니 "촌놈들이구나." 하는 소리가 어린 마음에도 귀에 거슬렸다.

어머니께서 선생님께 드리라고 아리랑 담배 1갑을 주머니에 넣어 주셨다. 하루 종일 주머니 속에서 조몰락거리다 가슴만 두근두근 방망이질 쳤다.

쑥스러운 마음으로 끝내 드리지 못하고, 담뱃갑이 찌그러진 채도로 가져왔던 기억이 어제 일처럼 새롭다. 찌그러진 담뱃갑을 받아 든 엄마는 빙긋이 의미를 알 수 없는 미소만 지으셨다.

집에 돌아올 때도 그 화물기차를 탔는지는 기억에 없지만, 타보고 싶어도 탈 수 없는 먼 옛날 어린 시절의 소중한 추억이다.

그때 사진 속의 동무들은 어디에서 어떻게 살아가고 있을까?

(2016. 4)

코로나 잡기

대구. 경북지방을 중심으로 전국으로 확산하고 있는 코로나바이러스가 걷잡을 수 없이 늘어나고 있다. 중국에서 발원된 코로나바이러스는 특정 종교단체의 무분별한 집단행위로 코로나바이러스가 온 나라를 뒤덮고 있다.

연일 속보로 방송되는 텔레비전 뉴스를 보면서 불안감과 늘어나는 확진자의 숫자에 안타까움과 불안한 마음이 앞선다. 눈에 보이지도 않는 코로나가 우리 생활 모든 것에 족쇄를 채워 옴짝달싹도 못 하게 만들고, 사회, 경제, 정치 모든 것이 비정상으로 작동하게 한다. 언제쯤에나 암울한 상태를 벗어날 수 있을까. 마스크를 몇 겹이나 한 것처럼 갑갑하고 앞이 캄캄하다.

방제사업을 하는 친구에게서 전화가 왔다. 코로나 발생 한 달 만에 업무에 과부하가 걸려, 일을 할 수 없다고 며칠이라도 일손을 보태 달란다.

친구 어려움을 몰라라 할 수도 없어 직원을 추가로 채용하기 전까지 도와주기로 약속했다. 몇 년 만에 출근인지라 조금은 긴장된 상태로 일찍 나섰다. 서로 인사도 나누기 전에 방제기에 작동법과 방제요령을 설명 듣고 바로 현지로 출동했다. 처음 도착한 곳은 OO 기업체 직원 사택으로 사용되고 있는 5층 아파트를 소독하는 일이었다. 엘리베이터가 없는 아파트라서 약통을 메고 5층을 오르락내리락하여야 했다. 방제복에 장갑, 모자로 무장한 상태로 5층 계단을 수없이 반복하다 보니 다리도 후들거리고 땀이 났다. 얼마 지나지 않아 다리가 뻐근해지기 시작하여 '이러다 하루도 못 버티는 거 아냐' 하고 염려가 앞선다. 계단을 오르내리며 소독할 때면 땀을 흘리다, 이동을 위해 밖으로 나오면 찬바람에 한기가 섬뜩하다. 감기 걸리기 알맞은 환경인지라 노심초사하며 마스크며 옷깃을 여며 건강을 조심했다. 더구나 감기 역시 코로나와 같은 바이러스가 원인이지 않은가.

  OO 기업체 출입은 통제가 심했다. 신분증 검사는 물론이고, 비행기 탑승 때처럼 소지품 검사도 하고 금속 탐지기를 통과하여야 출입이 허용되었다.

  회사 안으로 들어와서도 실험실이나 생산시설에 들어갈 때는 추가로 방진복과 신발까지 갈아 신고 온몸을 소독한 뒤에 출입할 수 있었다.

  방제복과 약통을 무슨 높은 지위의 완장인 양, 권력을 행사하듯 맘대로 행사할 수 있었다. 화장실이라든가, 간부들 방이며 비밀 통제되는 방에도 서슴없이 들어가 소독약을 뿌려댔다.

언젠가 '완장'이란 소설에서 평범한 사람에게 완장을 채워주니 몇 배 되는 권력을 가진 것처럼 행동하며, 양민들을 괴롭히는 권력자로 변신한다는 내용이 생각났다. 나도 코로나 박멸을 위한 커다란 권력을 얻은 것 같은 기분으로 미소를 지으며 약을 뿌렸다.

개인 집이 아닌 곳인지라 관리가 소홀한 곳이 많았다. 사람들이 많이 모이는 회의실이나 휴게실, 화장실 구석에는 상대적으로 깨끗지 못하여 구석구석에 코로나가 숨어있다 나올 기회를 엿보는 듯했다. 코로나가 얼굴을 내밀어 뛰어나올 듯한 곳에는 약을 집중적으로 뿌려 코로나가 얼씬도 못 하게 막았다.

그나마 우리 지방에는 심각할 정도로 확산하지 않는 것 같아 조금은 안심이다. 그렇게 되기까지는 여러 사람의 수고가 있어 가능할 것이겠지만 방역에 종사하고 있는 사람들의 수고도 빼놓을 수 없을 것 같다.

나 역시 코로나 확산 방지에 일부분 일조했다는 자부심으로 구석구석 한 곳도 빠짐없이 책임감을 느끼고 약을 뿌렸다. 혹시 내가 빠트린 곳에 코로나가 숨어있다가 나와 확산시키는 것은 아닐까, 하는 조바심으로 꼼꼼히 최선을 다했다. 며칠 동안이지만 종아리, 팔뚝 근육이 뻐근하다. 밤늦게까지 소독을 마치고 지친 몸을 이끌고 퇴근하여, 피곤을 달래며 코로나를 원망해 본다.

어려울 때일수록 단합하여 위기에서 탈출하는 우리 민족의 우수성을 믿으며, 하루빨리 위기를 벗어나길 기원한다.

(2020. 2)

파크골프의 매력

　푸르름이 빛나는 넓고 완만한 잔디밭이 상큼하다. 파란 양탄자를 깔아놓은 듯한 잔디밭을 바라보니, 영화의 한 장면을 보는 듯하다.
　폭신한 파란 잔디 위에 뒹굴고 싶어진다. 골프가 인기를 누리고 있는 것은 이처럼 넓고 푸른 잔디밭이 주는 상쾌함과 편안함 때문일 거다. 잔디밭을 걸을 때면 바스락거리며 발밑으로 전해져 오는 감촉이 부드럽다. 잔디의 꼼지락거리며 저항하는 감촉이 온몸을 자극한다. 스펀지 위를 걷는 것 같은 보드라운 촉감과 초록색이 주는 안정감이 온몸으로 다가온다. 신발을 벗고 맨발로 걸으며 발바닥이 간질거리는 감촉을 느껴보고 싶은 충동이 앞선다.

　요즘 장년층이 할 수 있는 운동 중에 파크골프가 유행이다. 파크골프는 골프와 게이트볼의 중간쯤으로 장년층에 알맞은 운동이다. 골프를 하기에는 경제적으로나 육체적으로 부담이 되는 세대가 즐길 수 있는 운동이다. 나이 드신 노인들이 하는 게이트볼을 하기에는 젊고, 골프를 하기에는 부담되는 세대가 할 수 있는 운동이다.

골프채와 게임 방법은 골프와 비슷하고, 굴러가는 공은 게이트볼과 닮았다. 골프채 한 개와 공 하나만 있으면 준비 끝이다.

배우는 과정도 쉽다. 일반적으로 30분 정도만 배우면 누구나 다 할 수 있을 정도다. 긴 바지를 입어야 하고 운동화를 신어야 하는 예절도 골프와 같다. 골프처럼 공이 멀리 날아가지 않아도 된다. 힘껏 쳐도 공이 땅으로 굴러가 위험성이 거의 없고 장타를 쳐야 하는 부담도 없다.

파크골프는 Park와 Golf의 합성어로 초록색 잔디에서 맑은 공기 마시며 가족, 친구들과 함께 공을 치고 경쟁하는 커뮤니케이션 스포츠다. 장비나 시간에 크게 구애받지 않고 즐길 수 있다. 파크골프 효과로는 세대를 초월한 스포츠로 녹색 잔디의 심리적 효과와 골프를 통한 체육 예절 등을 체험할 수 있다. 자연을 크게 훼손하지 않을 정도로 공원, 하천, 유휴지, 그린벨트 활용으로 일반 골프장의 1/100 크기로 환경을 훼손하지 않고 이용할 수 있어 친환경적이다. 가벼운 산책과 근력운동을 통한 신체, 정신적 건강에 효과 만점이다.

요즘 아내가 파크골프에 빠졌다. 아내 덕분에 무심천 둔치에 조성해 놓은 파크 골프장을 같이 갔다. 무심천 제방 둑에서 내려다보는 골프장의 푸른 잔디밭이 시선을 유혹한다. 잔디밭이 일반 골프장처럼 넓지 않아 코스가 옹기종기 모여 있어 장난감같이 앙증맞은 모습이 이채롭다.

골프보다는 규모도 작고 힘이 안 들어 좀 싱거운 맛이지만, 넓은 초록색 잔디밭을 걸으며 하는 게임으로 다양한 방법으로 즐길 수 있다.

　규정된 18홀을 돌고 나면 몸이 가뿐해진다. 보통 18홀을 두 번 정도 돌고 나면 하루의 운동량으로 충분하여 산뜻한 하루를 보낼 수 있다. 파크골프 게임 자체보다는 초록색의 잔디와 무심천 냇가의 신선한 바람이 마음을 풍족하게 만들어 주는 것 같다. 시냇물 흘러가는 소리, 짹짹거리는 참새들의 지저귐. 바람에 흔들리는 갈댓잎의 속삭이는 소리는 우리 삶에 활력을 덤으로 주는 선물이다. 인원수에 제한 없이 즐길 수 있고, 게임의 규칙도 간단하여 초보도 바로 할 수 있다. 처음 보는 사람들과도 금방 어울릴 수 있어 좋다.

　그래서 커뮤니티 스포츠라고 하나 보다. 특별한 대화 소재가 없는 중년 부부가 무료한 시간을 함께 보내며, 건강을 챙기기에는 좋은 초록색 잔디밭이다. 푸른 잔디밭 경계선 넘어 강가 쪽으로는 하얀 망초꽃이 소금을 뿌려놓은 듯 흐드러지게 피어 또 다른 볼거리로 눈을 즐겁게 한다.

　파란 잔디 위로 공이 굴러가는 모습을 보며 골프와 우리 삶이 닮았다고 생각해본다. 우리 삶에도 어려움과 평탄함이 공존하며 굴곡이 있듯이, 골프에도 넘어야 할 어려움이 많다. 언덕 위로 경사가 있거나 모래 웅덩이(벙커) 등 어려움을 잘 통과하면 만족한 결과를 얻을 수 있겠지만, 너무 잘 치려고 어깨에 힘이 들어가 무리하면 공은 엉뚱한 방향으로 날아가거나, 모래 웅덩이에서 탈출할 수 없다. 연일 방송을 장식하는 비리 사건이나 반인륜적 사건도 무리

해서 오는 것일 거다. 남보다 앞질러 가려 하고, 남이 가지고 있는 것을 탐내거나 노력 없이 쉽게 얻으려 하는 욕심은 무리하게 치려는 골프와 같다. 골프와 마찬가지로 우리 삶도 물 흐르듯 무리 없이 순리대로 살아야 한다. 그래야 우리가 원하는 만족한 결과를 얻을 수 있고 부작용이 없을 것 같다. 아무리 가깝고 쉬운 거리라도 전심전력으로 성의껏 쳐야 한다.

가깝고 쉬운듯해 보여, 대강 '툭' 쳤다가는 공이 홀에 들어 갈듯 하다 옆으로 흘러 지나간다. 우리 삶도 대강 쉽게 살면 안 될 것 같다. 주어진 환경에서 최선을 다하여 '盡人事待天命'이란 가르침을 잊지 말아야 한다.

파란 잔디밭에서 두, 세 시간 걸으며 공을 쫓다 보면, 가슴속에서부터 파란 물결이 솟아오르는 듯 상쾌하다.

'딱' 소리와 함께 파란 잔디 위로 빠르게 굴러가는 공을 바라본다.

잡념도 함께 멀리 날려 보낸다. 파크골프가 나이 들어가는 장년층의 건강을 책임져주는 수호신이다. 오늘도 무심천 변 파크골프장을 향한다.

(2020. 6)

학교 도서관에서

 햇살이 솜사탕처럼 피어오르는 봄날이다. 봄 햇살만큼이나 상큼한 아이들이 우르르 몰려온다. 기어 다니는 쌍둥이 손자가 어느새 성장하여 눈앞에서 달려오는 듯이 반가움이 앞선다.
 "도서관이니 뛰지 말고 조용히 하세요." 인솔 선생님의 끝없는 당부지만 아이들에게 그때뿐이다. 앙증맞은 손가락으로 책을 고르기 시작한다. 서로서로 책을 권장하기도 하고, 인기 있는 책은 서로 먼저 차지하려 경쟁하는 모습이 귀엽다. 어린이들은 성숙도에 따라 선호하는 책이 다르다. 고학년은 시집이나 동화책을 선호하고, 저학년은 만화책을 제일 좋아한다. 모두가 만화책이 진열된 책장 앞으로 몰려간다. 아이들은 제비 새끼가 어미가 물고 온 먹이를 향해 노란 입을 쩍쩍거리듯, 시선은 모두가 만화책에 향해있다. 만화책을 진열해 놓은 책장 앞에서 눈을 반짝이는 아이들을 바라보니 어린 시절이 살며시 떠오른다.

 아이들이 만화책을 좋아하는 것은 지금이나 옛날이나 변함없는 것 같다. 초등학교 때에는 교과서 이외의 책은 볼 수 없었다. 중학교를 청주로 진학한 후에 만화방이라는 곳에서 만화책을 빌려주기도 하고, 볼 수 있는 곳이라는 것을 알았다. 얼마나 재미있는지 틈만 나면 만화방으로 갔다. 부모님들은 만화방에 가는 것을 싫어하셨다. 불량 학생들이나 가는 곳으로 인식하셨던 것 같다.

남주동 깡시장은 무심천에 두 개의 둑방 사이에 있었다. 현재는 안쪽에 있던 둑은 없어져 도로로 변했고, 바깥 둑은 넓혀져 무심동로로 사용되고 있는 서문교와 모충교 사이다.

안쪽 둑방 너머에는 상가들이 밀집된 남주동 시장 골목이었다. 그곳에는 우리가 제일 많이 애용하던 시장 만화방도 있었다.

어느 날이었던가. 날씨가 쌀쌀해지는 늦가을이었나 보다. 시장 만화방에서 독서삼매경에 빠져있는데 갑자기 앞쪽에서 시끄러워졌다. 누가 이렇게 시끄럽게 하나 생각하는데 "너도 빨리 일어나!" 하며 내 눈앞의 만화책을 낚아채는 손길이 있었다. 바로 옆집에 사는 친구 엄마였다. 그 친구랑 나는 만화책을 빼앗기고 집에 끌려와 함께 꾸중을 들었다. 그 후로도 우리는 만화방을 어른들 모르게 들락거렸다. 서로 다른 만화책을 빌려다 바꿔 보기도 하며 만화책에 흠뻑 빠졌던 시절이었다.

지금 생각해도 만화책이 나름대로 상상력을 키워준다든지, 책을 읽는 습관을 길러준다든지 긍정적인 면도 많은 것 같은데 어른들은 싫어했다. 어른들은 우리가 공부는 안 하고 만화책만 본다고 싫어하셨던 것 같다.

초등학교 때에는 책을 무척이나 소중하게 여겼던 시절이 있었다.

학기 초에는 언제나 분주했다. 새 책을 받아오자마자 책을 포장할만한 큰 종이를 구하기 바빴다. 밀가루 포대나, 사용하다 남은 벽지 등, 그중에 커다란 달력이 최고였다. 책이 구겨지고 더러워지는 것을 막기 위함으로, 그렇게 해야만 공부를 잘할 수 있는 줄로 알았다. 4학년이 시작되는 학년 초이었나 보다. 새 책을 받아왔다. 집에 오자마자 벽에 걸려있는 달력을 떼어 책을 정성껏 포장했다.

책을 보고 공부할 생각보다는 새 책을 유지하면 공부 잘하는 것으로 생각한 것 같다. 열심히 책을 싸서 때 묻지 않도록 깨끗이 보존했다. 책을 포장할 생각만 했지. 달력이 어른들에겐 중요하다는 것은 미처 몰랐다. 엄마께 사용하지도 않은 달력을 버렸다고 꾸중을 들었다.

책을 싸다 보니 책 뒷면 표지에 "미래의 우리나라가 여기에 있다"라는 글귀를 보고 궁금하여 책장을 넘기며 살펴보기 시작했다. 아무리 책을 넘겨봐도 우리나라 미래의 그림이 보이질 않았다. 한참의 세월이 지난 후에야 글의 의미를 알아차릴 수 있었다.

어린이들이 책장을 올려다보는 눈빛이 유난히도 반짝거린다. 책을 좋아하는 어린이들이 있는 우리나라의 미래가 환하게 밝아 오는 듯하다. 책을 고르는 모습을 한동안 흐뭇하게 바라보며 우리나라의 밝은 미래를 상상해본다. 금세 반짝이는 세상이 온 누리에 펼쳐지는 듯하다. 삼사십 년 후에는 저 빛나는 새싹들이 우리나라 곳곳에서 활약하고 있으리라. 그때쯤 이 사회는 어떤 변화된 모습일까. 세계 각국이 부러워하는 선진강국이 될 것으로 믿어진다.

내가 하고 있는 작은 일이 우리 사회를 이끌어갈 새싹들이 마음껏 책을 볼 수 있는 환경을 만들어 준다는 자부심으로 뿌듯함이 차오른다.

해맑은 얼굴들이 우리나라 곳곳에서 활약하고 있을 미래의 모습을 상상하니 기쁨의 미소가 저절로 지어진다.

(2024. 4)

사슴

퇴직 후 처음 몇 달은 홀가분하고 날아갈 듯 마음과 몸이 가벼웠다.
날이 쌓여갈수록 무료함과 지루함이 같이 쌓였다. 뭔가 새로운 길을 찾아보려 여기저기 기웃거리며 무료함을 달래고자 후배가 운영하는 사슴농장을 찾았다. 사슴을 보긴 했지만 이렇게 가까이에서 보기는 처음이다.
큰 눈을 마주쳐 본다. 쑥스럽다는 듯 내 눈길을 슬슬 피하며 뒷걸음친다.
커다란 눈동자 속에서 노천명 시인의 '사슴'이란 시가 떠오른다. 시인인 바라보던 사슴은 어떤 모습이었을까 하는 마음으로 천천히 사슴을 살펴봤다.

「모가지가 길어서 슬픈 짐승이여」라고 했는데, 가까이서 보니 목이 정말 길다. 그러나 목이 길어서 슬퍼 보이는 것 보다는 눈망울이 얼마나 둥글고 큰지 모든 세상의 슬픔을 모두 담고 있는 듯하다. 커다란 호수 같다. 속눈썹은 붙인 듯 길어 눈이 더 커 보였다.

커다란 눈을 껌뻑이며 '처음 보는 당신은 누구세요.'라며 바라보는 모습이 수줍은 소녀 같다.

커다란 덩치에 비하여 귀엽기까지 하다. 눈을 마주치면 슬그머니 뒤로 물러서며 부끄러운 듯 고개를 돌려 시선을 피한다. 가까이 가면 뒤로 물러섰다, 뒤돌아 나오면 다가오며 기다란 목을 쭉 뻗고 코를 킁킁거리며 앞으로 내민다. 마치 가지 말라고 말하는 것 같다.

대부분 초식동물은 겁이 많다. 커다란 눈망울 속에 겁을 잔뜩 머금고 있다. 육식동물에 대한 피해의식이 얼마나 강한지 항상 주변을 경계한다. 기다란 목을 길게 빼고 귀는 바짝 치켜세워 주변의 소리를 모아 경계한다. 조금이라도 이상한 낌새가 느껴지면 기다란 다리를 껑충거리며 뛰어오른다. 갑자기 접근하거나 이상한 소리나 행동을 하지 말아야 한다. 워낙 민감하게 반응하며 뛰어올라 사람이 다치거나 제 몸을 다치는 경우가 종종 발생한단다. 옆에 다가가야 할 때는 미리 천천히 큰 소리 나지 않게 서서히 다가가야 한다. 특히 발정기 때는 더욱 조심해야 한다. 평소에 나는 주인이니 자주 봐서 괜찮겠지, 하다가 큰 사고가 나는 경우가 많단다.

초등학교 때 항상 조용하고 말이 없던 키가 크고 홀쭉한 친구가 있었다. 어쩌면 까맣고 큰 눈이 사슴과 닮았다고 생각했다. 친구는 2학년을 같이 다니다 어떤 사정이 있는지 학교를 그만두었다. 시골이다 보니 가끔 소식을 듣고 콩쿨대회 등 행사 때면 가끔 보기도 하였다. 성장하여 사슴농장에서 일한다는 소식을 먼발치로 들었는데, 몇 년 전 사슴에 차이는 대형 사고로 세상을 떠났다. 사슴을 보면 그 친구가 생각나는 것은 사슴을 닮아서일까.

일찍 학교를 그만둔 사정이 궁금해서 인지도 모르겠다. 그렇게 소나 염소 등 다른 가축과는 다르게 아직 야생성이 살아 있어서 특별히 조심해야 한단다.

「언제나 점잖은 편 말이 없구나.」 가끔 애기 옹알이 소리와 같은, 고양이 우는 소리처럼 '응애'라는 표현이 맞을까? 하는 정도로 작고 이상한 소리만 낼뿐 다른 가축처럼 크게 우는 소리가 없다(가을 발정기 때는 시끄럽단다). 호들갑스럽게 큰소리로 짖어 주변에 공포감이나 혐오감을 주는 일이 없이 조용하다. 나는 너희 족속들과는 달라. 하는 듯 속삭이듯 대화한다.

조용조용 소곤거리며 깔깔거리는 모습이나, 우르르 무리지어 몰려다니는 모습이 수줍은 많은 소녀들과 똑 닮았다. 저희끼리 몰려다닐 때를 제외하곤 행동 또한 위협이나 겁을 주지 않는 한, 가만가만 조용히 움직인다.

빼어난 자태만큼이나 젊잖다.

「관이 향기로운 너는 무척 높은 족속이었나보다」 왕관처럼 커다란 뿔을 자랑스럽게 머리에 달고 위용을 자랑한다. '나보다 더 아름다운 뿔을 가지고 있으면 나와 봐'라고 시위하듯 꼿꼿하게 세워 걷는다. 어쩌면 뿔 크기로 서열을 정하는 것인지도 모르겠다. 사슴은 뿔이 생명이다. 모든 영양가는 뿔에 모으며, 사슴의 평가는 오로지 뿔의 모양과 상태에 따라 결정한다. 뿔을 위하여 살고, 뿔 때문에 대우받고 살아간다. 사람들은 오직 뿔을 얻기 위하여 사료를 주며 사슴을 보살핀다. 비록 과거만큼의 영광은 없지만, 뿔만큼은 고고하게 지니고 있다는 자부심이 대단해 보인다.

「물속의 제 그림자를 들여다보고 / 잃었던 전설을 생각해 내고는 / 어찌할 수 없는 향수에 / 슬픈 모가지를 하고 먼 데 산을 쳐다본다.」

북아메리카 고향을 떠나 멀고 먼 이국땅. 낯선 곳에서 살아가고 있는 자기 모습을 연못 속에 비춰본다. 지나간 추억에 커다란 눈을 껌벅이며 기다란 모가지를 들어 먼 산을 바라보며 향수에 젖는다. 화려하고 고고했던 자신의 과거를 회상하며 비록 현실에 만족하지 못하지만, 자신의 고귀한 꿈만은 지키며 외로이 살아간다. 다른 동물들과 어울리지 못하고 자신들만의 세계에서 우아함을 간직하고 외로움을 견디며 살아가고 있는 모습이 애처롭다.

과거의 자랑스럽고 고고했던 자리로 되돌아 갈 수 없는 자신의 처지를 긴 다리를 쭉 뻗고, 기다란 모가지를 쭉 내밀어 가능한 한 멀리 바라보며 지난날 영광의 자취를 회상한다. 어쩔 수 없이 향수에 젖어 먼 산을 응시한다. 자랑스럽게 뿔을 치켜들고 커다란 눈을 껌벅이며 그리움을 삭여본다.

내가 지나고 있는 삶도 사슴처럼이나 고고 삶이 될 수 있다면 좋으련만.

부러운 마음으로 사슴의 커다란 눈동자를 가만히 바라본다.

(2018. 5)

V. 어떤 해후

고향

여름날의 추억

복분자

오남매 여행

어머니와 제주여행

어떤해후

어머니와 들고양이

묵은 달력

어머니의 마지막 가시는 길

고양이의 기다림

고향

 시끌벅적한 설 명절이 지나갔다. 오랜만에 가족 모두가 모여 반갑고 행복한 명절이었지만 모든 것이 제자리가 아니다. 밀물이 온갖 쓰레기를 싣고 왔다 쓰레기만 고스란히 남기고 썰물로 빠져나간 모습이다. 이불, 옷가지 등 생활용품들이 제멋대로 나뒹굴어 아내가 바쁘다. 여북하면 주부들 사이에 명절증후군이란 병이 생겨났을까. 가정주부들에게 명절이란 반드시 반갑기만 한 것이 아닌가 보다. 명절 후에 이혼율이 급증한다는 조사도 있을 만큼 주부들에겐 힘든 명절이다.

 명절이면 뿔뿔이 흩어졌던 가족들이 모두 고향에 모여 정을 나눈다. 그동안 못다 한 지나간 얘기와 고향 소식을 나누며 서로를 보듬는다. 건강을 염려해주고 앞길도 헤쳐주며 한 가족임을 새삼 깨우쳐 준다. 명절 하면 제일 먼저 떠오르는 단어가 가족이고, 다음으로 고향이 아닐까. 우리 정서를 제일 많이 자극하는 단어도 사랑과 고향일 거다. 그 시대의 사회상을 반영한다는 유행가를 봐도 사랑 다음에는 고향에 관련된 노래가 많다. 세월의 변화에 따라 시골에 고향을 둔 세대가 점점 엷어져 간다. 요즘 젊은이들 가운데 유행하는 노래에서 고향에 관련된 노래를 듣지 못했다. 점점 고향에 대한 개념이 없어지는 듯하다. 고향이라고 하면 그래도 시골이어야 제맛이다. 빌딩 숲 도심 속 병원에서 태어나 성장한 사람들은 나름대로 동네 친구들도 있고 하겠지만, 시골 고향처럼 가슴 뭉클한 추억은 없을 것 같다.

내가 성장한 고향은, 하굣길이면 항상 맑은 물이 졸졸 흐르는 앞 개울이 있어 신발을 벗고 건너야만 했다. 비가 많이 오는 날이면 어른들이 업어 건너 주기도 했다. 하굣길에는 검정 고무신을 냇가 둑에 벗어놓고, 모나지 않은 돌 들을 하나하나 들추어 송사리, 붕어를 잡아 검정 고무신에 넣다 보면 해가 뉘엿뉘엿해졌다. 그때야 집으로 달음박질했다. 학교에 가지 않는 날이면 매미, 잠자리 잡으러 동구 밖 느티나무 아래에 모이거나, 방학 숙제로 식물 채집한다고 들판을 뒤지고 다녔다. 채집한 식물은 책갈피에 끼워 엄마가 자주 이용하는 다듬잇돌로 눌러 놓았다. 납작해진 식물을 공책에 밥풀로 붙여 식물도감을 만들었다. 동네 또래들과 무리를 지어 언덕 위 뒷동산에서 산소를 넘나들며 우리나라와 나쁜 나라로 편을 갈라 전쟁놀이에 하루가 가는 줄을 몰랐다. 여름이면 개울에서 고기 잡으며 멱 감기, 참외. 수박 서리에 스릴을 만끽하고, 겨울이면 연날리기, 썰매 타기, 팽이치기 등 추억이 한겨울에 하얗게 쌓인 눈송이만큼이나 많았다.

도시의 빌딩 숲이 고향인 사람들은 기껏해야 동네 모퉁이에 앉아 연탄불에 설탕을 녹여 팔던, 달고나를 먹던 기억밖에 없으리라.

설 명절 때 할아버지 따라 청주에 있는 큰집에 와보면 골목에 눈이 녹아 미끄러울 때 미끄럼을 타거나 달고나를 먹는 것밖에는 볼 수가 없었다.

그렇게 고향에서 우리는 행복한 추억을 쌓았고, 고향 땅을 밟으며 추억을 회상할 수 있지만, 고향을 지척에 두고도 갈 수 없는 가슴 아픈 실향민들이 많아 안타까운 마음이다. 수구초심首丘初心이란 말과 같이 여우도 죽을 때는 머리를 고향에 두고 죽는다고 했는데, 만물의 영장인 사람이 가지 못하는 고향은 얼마나 그리울까. 말 그대로 사무치게 그립다는 말이 어울리겠다.

얼마나 많은 사람이 고향을 갈 수 없는 실향민으로 아픔을 안고 살아가고 있을까. 우리나라는 일제 강점기 및 한국전쟁으로 인한 분단으로 세계 어느 나라 보다 이산가족이 많은 것 같다. 이산가족의 수가 오백만 명이라는 말도 있고. 이산가족 상봉 방송할 때, 어느 방송사에서는 천만 이산가족이라 하여 이산가족이 무척 많은 걸 알 수 있다. 그들은 한결같이 죽기 전에 고향 땅을 한번 밟아보는 것이 소원이라며 눈물을 글썽였다.

이산가족 1세들은 나이가 많아 어쩔 수 없이 소원을 못 이루고 눈을 감는 가족들이 점점 늘어만 간다. 어떤 할아버지께서는 더 나이를 들게 되면 고향을 기억하지 못할지도 모른다며, 기억을 더듬어 고향 집 주변의 약도를 그려 가슴속 깊이 주머니에 넣고 다니시는 걸 보면 가슴이 뭉클해진다.

어떡하면 그분들의 소원을 풀어드릴 수가 있을까. 그동안 남과 북의 위정자들은 민초들의 아픔을 달래주지 못하는 것 같아 원망스럽다. 이제는 들어주고 싶어도 초강대국 미국이 북한과의 관계 악화로 이산가족들의 고향 땅 밟기는 점점 멀어져 가는 느낌이다. 우리 민족 간의 인도적인 문제까지 강대국의 힘에 좌지우지해야 하는 현실에 안타까움과 비참함에 울컥해진다.

다행히 현 정부에서는 개별관광이라도 가능할 수 있도록 노력한다고 하니 기대해 볼 일이다. 인간의 본성인 고향에 대한 그리움은 정치적인 계산으로 유. 불리를 떠나 무조건 허락하여 주는 것이 인간의 도리 아닐까.

내 고향 지금의 모습은 삶의 편의를 위하여 마을 길도 넓혀지고 시멘트로 포장되어 낯설다. 도시로의 출향으로 빈집이 몇 군데 있어 이 빠진 모습에 썰렁하다. 옛날과는 비교할 수 없을 만큼 많이 변하여 옛 모습을 찾아볼 수 없지만, 변하기 전 어릴 적 뛰놀던 고향의 좁은 골목을 그려보며, 고향을 가지 못하는 실향민들의 아픔을 헤아려 본다.

(2020. 11)

여름날의 추억

여름을 시작하는 유월의 빛깔은 참 곱다. 초록색이 온 산천을 물들였다.

먼 산과 들판은 초록빛으로 채색된 한 폭의 수채화 같다. 새로운 환경에 적응하느라 몸살을 앓던 벼 잎들도 땅 내를 맡아 초록색으로 변해가는 모습이 잔잔한 쪽빛 동해바다 같다. 모든 꽃의 화려한 색깔도 아름답지만 막 성장을 시작하는 식물들이 발산하는 초록빛은 마음을 편안하게 한다.

마치 어머니 눈빛처럼 포근하다. 마음을 치유하는 색이 초록색이라 했던가.

사계절 중 유독 여름에 추억이 많은 것은 밖에서 많이 활동할 수 있는 계절의 영향인가 보다.

한여름 밤 복숭아 서리에 나섰다. 동네 형들이 나보고 셔츠를 벗으라 했다. 손, 과 머리 부분을 묶으니 작은 자루가 되었다. 나는 나이가 가장 어려서 과수원 입구에서 망을 보게 하고 형들은 어둠 속에 고양이처럼 복숭아밭으로 기어들어 갔다. 나는 무서움을 참느라 두 손을 움켜쥔 채 형들이 나타나기만을 기다렸다. 그날 밤은 유난히도 달빛이 밝았던지 차라리 밝은 하늘이 원망스러웠다. 달빛 때문에 형들이 들킬 것 같아 조마조마했다. 초조한 마음에 그 순간 달이 없어졌으면 하고 마음속으로 기도 했다.

왜 갑자기 도깨비 생각은 나는지. 뿔 달린 도깨비가 나타나 내 간을 꺼내먹을지도 모른다는 무서운 생각에 머리가 쭈뼛했다. 무척 오랜 시간이 지난 것 같았다. 형들은 한 자루를 따왔다. 한 개를 집어 씻을 물도 없어 바지에 쓱쓱 문질러 한입 베어 물었다. 좀 껄끄러웠지만 달콤한 물이 배어 나왔다. 먹다 남은 것은 내일 먹는다고 자루 채 감추어 놓았다. 온몸이 따갑고 가려웠지만, 누구에게도 말하지 못하고 밤새 참았다.

이튿날 아침, 체구가 우람한 복숭아밭 주인아저씨가 집으로 오셨다. 애써 못 본 척하고 있는데 "운우야 너 셔츠 어디 있냐?" 가슴이 철렁했다.

이미 모든 것이 탄로 난 상태였다. 처음으로 아버지에게 꾸지람을 들었던 기억이 어제 일처럼 아련하다.

여름방학 때면 밀짚을 엮어 여치 집을 만들었다. 느티나무에 올라가 매미를 잡아다 넣어 다니기도 하고, 때론 잠자리가 그 자리를 차지하기도 하였다. 한 철밖에 살 수 없는 매미가 깜깜한 땅속에서 8년을 기다려야 태어날 수 있다는 사실을 진작 알았더라면 매미는 잡지 않았을 것을…. 잠깐을 살기 위하여 오랜 시간을 인내와 고통으로 버틸 수 있는 것은 어떤 힘이었을까.

매일 오후가 되면 동생들과 앞 냇가로 고기 잡으러 갔다. 피라미, 치리, 모래무지, 붕어, 미꾸라지가 떼로 몰려다니지만, 어찌나 빠른지 잡을 수가 없어 물속만 덤벙거리며 뛰어다니다 해가 뉘엿뉘엿 해지면 집으로 향하곤 했다. 하얀 모래밭에 깨끗한 물이 흐르던 냇가에는 온갖 쓰레기와 수초들만이 가득하여 물가로 가 볼 수조차 없다. 세월은 모든 것을 변하게 했다.

개발이란 문명의 발달은 추억이 담겨있는 자연을 무참히 짓밟아 흔적을 지워놓았다.

여름밤이면 마당 가운데 들마루 위에서 우리는 할머니 무릎을 베고 누워 할머니가 들려주시던 옛날이야기에 푹 빠졌다. 할머니는 무궁무진하게 많은 이야기보따리를 가지고 계셨다. 저녁마다 해주셨는데 그 많은 이야기를 어떻게 아시고 계셨을까. 어떤 때는 중복되기도 하였지만, 다시 들려 달라 떼를 쓰기도 했다. 지금 생각하니 어쩌면 할머니께서 지어낸 이야기인지도 모르겠다. 궁금하지만 할머니께서 너무 멀리 있어 여쭤볼 방법이 없다.

그때 할머니 무릎 위에 누워서 바라보던 하늘에는 끝없이 펼쳐지는 은하수 바다와 반짝이는 별들이 흘러넘쳐 우리 집 마당 담장 위까지 쏟아지고 있었다. 반딧불이가 별빛 사이를 깜박깜박 눈앞으로 아른거리면, 반딧불을 잡아 꽁지에 붙은 발광체를 떼어 이마에 붙이고 어둠 속을 뛰어다니곤 했었지.

할아버지는 우리가 모기에 물리지 않도록 약쑥을 베어다 모닥불 위에 올려놓아 연기를 피우셨다. 어찌나 맵던지 눈물을 흘리며 콜록대던 시절이 아련하다. 들마루 위에 모기장을 치고 잘 때면 가장 자리는 항상 내 차지이었다. 잠을 곱게 자서 모기장을 걷어차지 않는다는 이유였다.

그 많던 별들과 반딧불이는 어디로 갔을까. 아련한 사랑을 주시던 할아버지, 할머니는 어느 하늘에 별이 되셨을까. 그 시절 할아버지는 지금의 나보다도 젊은 나이었다. 할아버지가 인자하게 웃는 모습과 할머니의 하얀 치마폭이 아련하다.

나에겐 옛날 할아버지가 보여주신 것처럼, 내 모습을 보여줄 손자가 아직은 없다. 언젠가 손자가 태어난다면 나는 무엇을 보여줄 수 있을까.

옛날 내가 뛰놀던 시냇가도 반딧불이도 없다. 삭막한 아파트뿐이니 무엇을 보여 줄 수 있을까. 할아버지가 내게 추억을 남겨주셨듯이 나도 손자에게 아련한 추억을 남겨주고 싶은데 아쉬움만 가득하다.

(2022. 10)

복분자 覆盆子

　퇴직 전 이웃집에서 복분자 묘목을 열 그루 얻어다 심었는데, 얼마나 번식이 왕성한지 끊임없이 영역을 확장하여서 한 이랑을 가득 채웠다.
　얼마나 생명력이 강하던지 땅에는 물론, 시멘트 담장 벽 틈새에 먼지 같은 흙이 조금만 있어도 뿌리든 줄기든 닿기만 하면 뿌리를 내리며 기어올랐다.
　어떤 나무는 머리와 줄기를 구분할 수도 없다. 뿌리에서 뻗어나간 줄기가 땅에 닿기만 하면 또다시 뿌리를 내리고 자라며 엉켜서 앞뒤 구분을 할 수 없을 정도로 번식력이 강하다.

　몇 해 전 복분자 재배를 늘려보려 몇 포기를 더 심었다. 관리가 힘들어 뽑았는데, 몇 년이 지나도 주변 땅속에 숨어있던 줄기가 불쑥불쑥 고개를 내밀었다. 한번은 가시 때문에 뽑기도 힘들고 하여 좀 심한 것 같아 망설이다, 눈을 질끈 감고 제초제를 흠뻑 뿌렸다. 며칠 후 보니 누렇게 말라 죽어 이제 됐다고 했는데, 한참 지난 후에 밑동에서부터 새로운 싹이 다시 고개를 내밀고 있었다. 참 신기하기도 하고 끈질긴 생명력에 섬뜩한 생각조차 들었다. 나 같으면 이 같은 열악한 환경에서 살아남을 수 있었을까.

복분자의 끈질긴 생명력은 우리가 배워야 한다. 살면서 삶에 어려움을 느끼고 극단적인 생각을 하는 의지가 약한 사람들은 복분자 재배를 한 번쯤 해보라 권하고 싶다. 복분자의 일생에서 삶의 의욕과 끈질긴 생명력을 배우고 느껴봄은 어떨까. 한 번이라도 재배해본다면 결단코 삶의 의욕을 다시 찾을 수 있을 것이라 장담한다.

산딸기 같은 빨간 딸기가 검붉은 빛으로 성숙하면, 빛깔을 타고 다가오는 시각효과 때문인지 딸기가 더욱 크고 탐스럽게 보인다. 산딸기하고는 비교할 수 없을 만큼 차원이 다르다 자랑이라도 하듯, 한여름 햇살을 듬뿍 먹으며 복분자 열매는 검붉게 익어간다. 유혹을 참지 못하고 엄지손톱만큼 큼직한 열매를 몇 알 따서 입 안에 넣어본다. 달콤함이 입안에 퍼지며 아주 작은 씨앗들이 오도독 오도독 씹힌다. 작은 씨앗 속에 숨어있던 양분이 톡톡 튀어 입안으로 스며들어, 금방 힘이 솟구치는 듯하다. 이미 입맛은 달콤함에 중독된 상태로 여기서 멈출 수 없다. 셀 수 없을 만큼 한주먹 따서 입 안에 넣기를 반복하다 보면, 정작 복분자 수확의 본분을 잊기 쉽다.

아내가 옆에서 "복분자 따기 전에 아주 뱃속에 다 넣고 갈 생각인가요?" 하며 수확을 독촉한다.

일주일 정도 익는 순서대로 수확하고 나면 복분자 나무는 수명을 다한다.

복분자는 이듬해 봄에 새순에서 열매가 열린다. 수확한 뒤의 묵은 나무는 스스로 생을 마감한다. 작년까지는 게으름을 피우다 가을이 돼서야 묵은 가지를 잘라냈는데, 묘목을 주신 분이 묵은 가지는 수확 후 바로 잘라내야 새 가지가 실하다고 알려줬다. 어떻게 묵은 나무와 새 줄기를 구분 하나 하고 줄기 밑동을 살펴보니 열매가 달렸던 묵은 나무는 벌써 얼룩얼룩 검은색을 띠며 죽어가고 있었다. 이미 모든 영양분을 열매에 주고 남아있는 것이 없는 듯했다. 죽어가는 복분자 줄기를 바라보며, 자식들에게 모든 걸 주고 생을 마무리하는 어머님과 같다는 생각이 스친다. 그것이 주어진 숙명이라는 듯, 모든 것을 열매에 쏟아붓고 정작 자신은 탈진하여 생을 마감한다.

재작년까지만 해도 어머님이 복분자를 따놓고, "애비야 언제 올래? 복분자 땄다." 하셨는데 무릎이 아파 거동이 불편한 뒤로는 복분자 따는 구경도 못 할 만큼 건강이 악화하셨다. 검게 변해가는 복분자 줄기에서 검버섯으로 얼룩진 어머님 팔뚝이 보이는 듯하여 얼른 고개를 돌렸다.

열매에 모든 것을 내주고 죽어가는 복분자 나무와 같이 자식들을 위해 모든 걸 희생하고, 소리 없이 꺼져가는 짚불처럼 사그라지는 어머님의 모습이 보이는 듯하여 콧등이 찡해온다.

밑둥치에서 얼룩얼룩 죽어가는 줄기를 자르고, 위에 엉켜있는 가지들을 제거하면 새 줄기만 남는다. 새 줄기는 올 한 해 가지도 번지고 자라나 세력도 넓히며 또다시 그들만의 영역을 확보할 거다. 또다시 무성하게 자라 내년 봄이면 많은 복분자 열매가 주렁주렁 달릴 것이다.

  게으른 주인을 만나 제대로 영양을 얻어먹지도 못하고, 열매를 맺어 주인에게 모두 주고 바로 생을 마감하는 복분자의 희생이 눈물겹다. 내년 봄에는 영양가 있는 퇴비를 듬뿍 줘야겠다. 관리도 정성껏 하여 복분자 나무의 삶을 윤택하게 해주어 고마움에 보답해야겠다.
  수확한 복분자는 빠뜨리지 않고 열심히 먹어야겠다. 뒤집힐 복覆, 동이 분盆, 아들 자子 자로 이름이 뜻하는 대로 요강이 엎어질 정도로 힘이 세어진다고 하니, 우리 집 변기가 깨어질지 유심히 살펴볼 참이다.

(2019. 7)

오 남매 여행

'땡 땡' 불국사의 그윽한 종소리가 울린다. 천년의 역사를 간직하고 있는 서라벌 시내가 내려다보이는 듯하다. 아름드리 소나무 숲을 지나 청운교靑雲橋·백운교白雲橋의 계단 앞에 섰다. 우리 오 남매는 세월의 훈장을 달고 계단 앞에 나란히 서서 폼을 잡고 핸드폰 렌즈에 추억을 남겼다.

반세기 만에 다시 찾았다. 정확히 53년 전 중학교 때 수학여행으로 왔었다.

높아 보이던 계단은 어느 세월에 묻혀 쪼그라들었는지. 까마득히 높아 보이던 계단이 한 뼘 안에 들어왔다. 하얀 교복을 입고 계단에 앉아 찍은 사진 속의 모습과 비교한다. 생소하다. 어떤 것이 나의 모습인지 정확히 알 수도 없다. 반세기 만에 다시 찾은 불국사는 변함이 없는데 내가 변한 것일까.

아니면 세월이 변한 것인가. 문화재 보호 차원이었을까. 우리가 올라갔던 청운교, 백운교 계단은 폐쇄하고 우회로 길을 내어 왕래하게 했다.

경내에 들어가니 다보탑이 앞장서 반긴다. 화려한 모양도 눈에 익은데, 역시 크기는 작아진 느낌이다. 내 키가 커진 만큼 탑이 작아 보이는 걸까. 세월의 짓누르는 무게를 감당하지 못하여 낮아졌는지도 모르겠다. 강산이 5번이나 변했을 긴 세월이었으니 탑인들 변하지 않았을까.

3년 전에는 여수로 5남매 여행했었다. 그때는 어머니도 동행했었지.

휠체어를 가지고 가 먼 길은 휠체어로 모시고 다녔다. 그때 행복해하시던 어머님의 모습이 떠올랐다. 이번 여행에서도 어머님의 작은 행복을 기대하며 같이 가기를 원했다. 해마다 한 번씩이라도 여행으로 어머니를 기쁘게 해드리고 우리 형제들의 우애를 다지고자 약속했는데 코로나로 3년을 허비했다.

그 사이 어머니는 세월의 무게를 버거워하셨다. 이번에도 무리해서라도 어머님을 모시고 가려 했다. "이번이 내생에 마지막 여행일 텐데, 너희들과 가고 싶지만, 도저히 못 가겠다."라고 하셨다. 어머님은 얼마 전 화장실에서 넘어지신 후에는 더 없이 거동을 힘들어하셨다. 우리끼리만 가는 것은 의미도 없고 죄스러워 여행을 포기하렸더니, 어머님이 "너희들끼리라도 갔다 와야 내 마음이 편하지" 하셨다. 어떤 일이든지 마지막은 아쉬움과 허전함이 앞선다. 특히 천륜이라는 부모와 자식 간의 인연이라면 더욱 애절하다.

같이 가고 싶은 욕심에 간절한 마음으로 의사에게 호소했지만, '연세가 많아 어쩔 수 없다'라는 대답에 갑갑한 마음만 더했다. 어머니는 하루가 다르게 거동을 힘들어하셨다. 이젠 어머니하고 같이 여행하기는 불가능해졌다.

진작에 한 번이라도 더 모시고 갔다 올걸 했다. 3년 전에 갔던 여수 여행을 하룻저녁이라도 더 묵어 올걸. 부질없는 후회가 밀려온다.

어머님과 함께 가지 못하는 허전한 마음을 안고 당초에 계획한 대로 경주 여행을 강행하였다. 우리끼리라도 화목하게 다녀오는 것이 같이 못 가는 어머니에게 할 도리인 것 같아서였다. 평소 말이 별로 없는 우리는 더 많이 웃고 떠들었다. 주로 어렸을 때의 일화들을 동화 속 전설처럼 얘기했다. 라면이 처음 나왔을 때 흘린 라면 주워 먹다 아버지께 혼났던 일. 남동생이 한밤중에 화장실을 가고 싶은데 깜깜하기는 하고 무서워 혼자 못 가 누나한테 '누나가 밥 더 먹으라 해서 그렇다고' 같이 가달라고 떼쓰는 장면이 압권이었다. 먹을 것이 부족했던 시절의 이야기는 끝이 없이 이어졌다.

그렇게 우리 형제만이 공유할 수 있는 잊혀져간 기억을 한 장면씩 꺼내, 서로 맞장구를 쳐가며 공감하고 기억을 더듬었다. 평소보다 호들갑을 떠는 이유가 어머니께서 함께하지 못한 허전함을 달래려는 방편이었다.

같이 오지 못한 어머니에게 우리가 유일하게 할 수 있는 일인 것 같아서다.

우리 남매는 모두 한곳에 살고 있지만 한자리에 모이기가 힘들다. 남들은 형제들끼리 자주 모여 여행도 가고 술도 먹고 한다는데. 우리는 장남인 내가 부족하여 일 년에 한 번 아버지 제사 때나 모두 모인다. 자주 만나야 우애가 돈독해지는 법인데. 그래서 매년 한 번씩 형제들끼리 여행을 가자 했다.

  내년에도 천재지변이 아니면 4월에 봄나들이하러 가자 약속했지만, 어머님은 함께 하지 못할 것 같다.

  돌아오는 일정에 마지막으로 석굴암을 찾았다. 중학교 수학여행 때에는 궂은 날씨로 문화재 보호 차원에서 문을 닫아 구경하지 못했었다. 석굴암까지의 진입로 오솔길에는 아름드리나무들이 석굴암의 역사를 말해주고 있어 경외감이 더욱 묻어났다. 인자한 미소를 머금은 부처님 조각상이 유리문 안에서 미소 짓고 있었다. 국사책에서만 볼 수 있었던 바위를 쪼아 만든 정교한 예술작품을 눈앞에서 바라본다.

  우리 조상들의 예술에 대한 높은 경지와 정성에 고개가 숙어진다.

  불교도는 아니지만, 무엇인가 경외감이 들었다. 부처님 앞에 두 손을 모아 진심을 담아 기도 했다. 오늘 함께 오시지 못한 어머님이 평생 고생만 하셨는데, 돌아가실 때는 주무시듯 편히 가실 수 있도록 기원했다.

(2023. 4)

어머님과 제주 여행

잔뜩 낀 구름 사이를 헤치며 제주에 내려앉았다. 염려했던 대로 비행기 차창 밖으로 비가 쏟아지고 있었다. 우리야 괜찮지만, 어머님이 걱정이다.

우산은 몇 개 챙겨왔지만 바람까지 거세다. 그러나 어쩐단 말이냐. 여기서 되돌아갈 수도 없고 어떡하든 여행을 마쳐야 한다. 우선 어머니 전담은 아들이니 알아서 잘 모시리라. 큰 우산을 아들에게 주고 어머니와 함께 천천히 공항을 나와 렌터카를 빌려 여행을 시작하였다. 비로 인하여 애초 계획한 대로 갈 수 없다고 푸념하는 아들에게 아내가 한마디 한다. "다! 추억으로 생각하면 즐거운 법이다.", "짜증을 낸다고 날씨가 개는 것도 아니니 즐겁게 다니자."라는 성인 같은 말에 모두 공감하며 여행을 시작하였다.

비가 뜸한 것 같아 주변에 있는 주상절리대를 향했는데 바람까지 세차다. 우산을 똑바로 잡기도 벅차다. 발길을 돌리려는데 어머님께서 나는 괜찮으니 걱정하지 말고 구경하자고 하신다. 절벽 아래로 신이 빚어 놓은 작품이다.

　장작을 쌓아 놓은 듯한 바위기둥에 억겁의 세월이 쌓여가고 있었다. 바위를 향하여 끝없이 철석 이는 파도의 구애가 애절하다. 지나온 세월만큼이나 하염없이 부딪치는 파도를 바라보며, 바위에 쌓인 세월의 무게를 가늠해 본다.

　날씨 관계로 애초 계획했던 스케줄을 모두 바꿀 수밖에 없었다.

　우선 할머니께서 다니기 편리한 곳으로 급하게 변경하느라 딸의 스마트 폰이 몸살을 한다. 폭포 중에는 천지연폭포가 제일 다니기 편하다고 하여 그리로 방향을 잡았다. 쏟아지는 물줄기를 바라보며 이번 여행의 의미를 되새겨 본다. 셀 수 없이 많은 세월의 흐름에도 변함없이 쏟아지는 물줄기 앞에 섰다. 땅바닥에 부딪혀 부서지는 물방울에서 세월의 의미를 되새긴다.

　폭포수를 바라보는 어머님의 구부정한 등 위로 떨어지는 물방울이 천근 같은 무게로 다가온다. 작은 물방울이 어찌 그리 무겁게 보이는지. 점점 구부러지는 어머님의 등에서 지나는 세월의 무게를 감당하기 어렵다. 마음이 무거움을 더해간다.

　비가 점점 심해져 실내 관광지를 찾던 중 평소에 안 가본 4.3평화공원으로 향했다. 생각과는 다르게 볼 것도 많고 의미 있는 공원 같다. 전쟁 등 사회가 혼란스러울 때 제일 큰 피해를 보는 힘없는 양민들의 삶을 보는 듯하여 마음이 짠하다. 정권을 유지하기 위한 불가피한 조치였는지 몰라도, 자국민을 향한 군경의 총칼은 이해하기 어렵다. 인간의 근본은 선일까, 악일까. 힘없는 양민들을 학살

한 사람들의 근본은 무엇일까. 무엇이 악마로 행동하게 한 것일까. 끝없는 의문 속에 위정자들의 양심을 물어본다. 죄 없는 양민들의 죽음에 후손으로서의 속죄하는 마음을 남겼다. 어머님도 오늘 다닌 곳 중 제일 볼 것이 많다고 설명서를 일일이 다 읽어보시고 맨 뒤에 나오셨다.

숙소에 와서 작년 설악산 여행 때 어머님께서 맛있게 잡수시던 회가 생각나, 그중에 제일 맛있다는 제주 옥돔을 주문했다. 기대와는 달리 어머님께서는 "어째 그때만 맛이 없다." 하시며 몇 점 잡수시더니 피곤하다며 방에 들어가 누우셨다. 날씨 탓일까. 아니면 몇 달 차이라도 세월이 흘러서일까.

어머님께서는 이번 여행에는 더없이 힘들어하시는 것 같아 안타깝다. 걷는 것 자체를 힘들어하시는 것을 보니, 어머님과 함께 할 수 있는 여행은 이번이 마지막일 듯싶다. 모든 것이 마지막에 미련이 남는 법.

진즉 모시고 다녔어야 할 것을 깨달았을 때는 이미 지난 시간이었다. 뒤늦은 후회가 따른다.

이튿날도 날이 갤 기미가 보이지 않아, 서두르지 않고 여유 있게 산굼부리로 향했다. 산굼부리는 13만 년 전에 화산의 분출 때문에 생긴 분화구다. '부리'는 '산에 생긴 구멍'이란 제주도 방언이란다.

갈대숲을 지나 정상에 올라 깊은 구덩이를 내려다보며, 화산이 폭발할 당시의 모습을 상상해 본다. 자연의 힘은 큰 산도 한 번에 움직일 만큼 위대하다. 화산이 폭발할 때 산 아래 사는 주민들은 어떤 모습이었을까. 얼마나 공포심에 떨었을까. 지옥 같은 불구덩이 속에서 많은 인명피해를 보았으리라.

성읍민속마을에 들렀다. 지붕 없는 화장실 아래에는 인분을 먹여 키우던 흑돼지 우리란다. 화장실에 지붕이 없는 이유는 왜구의 잦은 침범으로 쉽게 도망가는 방편이라니, 힘없는 우리 조상들의 힘든 삶이 애처롭다.

옛날부터 근현대사까지 일본의 호전성은 무던히도 우리 민족을 괴롭혔다. 그러고도 제대로 된 사과 한마디 없으니, 양심이 있는 사람들인지 의구심이 든다. 세계적으로 친절하고 질서 있다지만 속마음은 아닌 것 같다.

과거의 행적을 보면 인간 이하의 악랄함과 호전성은 어느 민족보다 탁월한 것 같다. 양두구육羊頭狗肉이란 말이 일본을 두고 만들어진 말은 아닐까. 태풍, 지진 등 자연재해 속에 살아가야 하는 섬나라 특유의 본성인지도 모르겠다.

마을의 모습을 둘러보니, 제주도 특성상 벼농사가 없어 볏짚 대신 갈대로 지붕을 엮었단다. 바람 때문에 굵은 밧줄로 지붕을 엮은 모습이 인상적이다. 학창 시절 수학여행 때 갈대로 엮은 지붕 아래에서 찍었던 사진이 떠오른다. 그때 어깨동무하고 같이 찍었던 동무들은 모두 어디에서 어떻게 살고 있을까. 지금 다시 찾은 지붕이 그때의 그 지붕 밑은 아닐까. 지금의 나는 그 시절의 나와는 어떻게 다른 모습일까. 까마득히 흘러간 세월은 또다시 갈대 지붕 밑으로 묻혀간다. 초가지붕 아래 돌하르방을 배경으로 기록을 남겼다.

양옆으로 손자, 손녀 가운데 어머님이 손자들 어깨에도 못 미칠 정도로 작아진 모습이 렌즈를 통하여 다가온다. 손자. 손녀의 늠름한 모습은 간곳없고, 어머님의 초라해진 모습이 크게 클로즈업된다. 언제부터 저렇게 작아지셨을까. 가슴이 저려온다. 자식들을 위해 먹고, 입는 것도 못 하고 고생만 하셨는데. 내 탓은 얼마나 될까. 나는 어머님을 위해 무엇을 해드렸는가.

아련히 다가오는 먹먹함이 내리는 안개비에 젖어 든다.

비는 계속되어 선녀와 나무꾼으로 향했다. 옛 생활 모습 그대로 재현해 놓은 곳으로 가정통신문, 양은 도시락, 교련복 등 불과 얼마 전에 사용하던 물건들인데 벌써 까마득하다. 그때 그 시절의 추억이 아련히 떠오른다.

학기가 끝나면 두근거리는 마음으로 어머니에게 갖다주던, 수, 우, 미, 양, 가로 표시된 가정통신문. 어머니는 가정통신문은 읽어보지도 않으시고 무조건 잘했다고, 손을 꼭 잡아주시고 안아주셨다. 겨울이면 도시락을 난로 위에 수북이 쌓아 데워 먹곤 했었다. 그때 교실 안으로 퍼지던 구수한 냄새가 향기로 남아 추억을 부추긴다.

군사정부 시절의 교련 시간은 어떠했던가. 교련이란 교과과정이 별도로 있었다. 교련 시간이면 제식훈련은 물론이고 총검술에 사격까지 배웠다. 어린 학생들까지 군사훈련을 받게 한 것은 어떤 의미였을까.

꼭 그렇게까지 해야 했을까. 그래서 얻은 것이 무엇일까.

일찍 서둘러 숙소로 향했는데 날씨 탓에 벌써 어둠이 몰려온다.

아침에 일어나니 그때야 햇살이 환하다. 어머님이 "아이쿠! 집에 갈 때가 되니까 해가 보이네." 하신다. 마지막 여정으로 비자림으로 향했다.

비자림은 500~800년 된 비자나무가 2,800그루가 모여 있는 곳으로 하루에 한 번씩 산책을 할 수 있다면, 어떤 병도 다 나을 수 있는 것 같은 상쾌한 느낌이다. 몇백 년을 살아도 늠름하게 서 있는 비자나무를 바라보며, 백 년도 못살고 사그라지는 우리의 삶은 얼마나 나약한 존재인가.

자연의 위대함에 머리 숙어진다. 어머님도 어렵다고 하지 않으시고 숲속 산책길을 한 바퀴 완주하셨다.

해변도로를 따라 아름다운 제주의 풍광을 가슴에 담으며 공항으로 향했다. 구름 아래로 사라져가는 제주의 아름다운 풍경과 우리 가족의 소중한 추억을 남겨 놓고 발아래로 펼쳐지는 솜털 같은 구름 위를 날아올랐다.

(2016. 6)

어떤 해후 邂逅

두 노인은 댓돌을 간신히 내려섰다. 지팡이에 의지하며 허리를 일으킨다. 손을 내밀어 서로 손을 잡아 흔들며 아쉬운 작별을 한다. 허리가 굽어 깊은 포옹을 할 수도 없다. 엉거주춤한 자세로 한 손은 지팡이에 의지한 체, 한 손으로 서로 어깨에 손을 얹고 허허로운 웃음을 짓는다.

"우리가 또 만날 수 있을까?"

"이게 마지막인지도 몰러"

"또 못 보더라도 잘 있다 편안히 가시게"

그렇게 두 노인은 작별한다.

나는 한 발짝 떨어져 두 분의 작별을 착잡한 마음으로 바라본다. 눈시울이 뜨거워지는 것은 억누르며 먼 하늘가로 눈길을 보낸다. 아직은 아닐 거라고 마음속으로 외쳐 보지만, 누가 보더라도 93세의 어머님과 95세의 이웃에 살던 아주머니의 남겨진 생은 짧아 보였다. 애써 웃음으로 이별을 맞이하시지만, 눈가에 흐르는 눈물을 주체할 수 없으신지 구부러진 손가락을 연신 눈가로 가져간다.

하얗게 센 엉클어진 머리카락이 흔들리며 "어이 먼저 가"라며 손짓한다.

명절을 앞두고 어머님을 모시러 시골로 향했다. 어머님 약봉지를 챙기고 외출복을 챙겨 드렸다. 출발하려는데 밖에서 인기척이 났다. 문을 열어보니 이웃에 살던 아주머니가 지팡이에 의지한 채 간신히 문을 들어서고 있었다. 두 분은 반갑게 해후했다. 서로 손을 맞잡고 눈물을 그렁그렁하시며 이야기를 나누셨다. 서로 귀도 어두워 목소리만 컸다. 의사 전달이 안 되는 대목에서는 중간에서 통역하듯 전달했다. 두 분의 만남은 몇 년 만이라 했다.

아주머니를 처음 만나던 날이 안개처럼 뿌옇게 떠오른다. 초등학교 가기 전인지, 1학년 때였던 것 같다. 소낙비가 억수같이 쏟아지던 여름날이었다.

우리는 담배 건조실 불 때는 곳에서 감자를 구워 먹으며 놀고 있었다. 쏟아지는 빗속으로 아랫집에 상여가 도착하였다. 상여도 사람들도 모두가 비에 흠뻑 젖었다. 영구차가 빗길에 미끄러져 간신히 빠져나왔다고 어른들이 말씀하시는 것을 들었다. 그 당시에는 큰길이 없었다. 꼬불거리는 시골길을 오다 차가 빠졌던 것 같다. 아저씨가 돌아가셔서 고향 집으로 돌아오신 거였다.

그 아주머니는 그때부터 어린 5남매를 시어른 집에 방 한 칸을 얻어 우리 이웃이 되었다. 우리 집과 위아래에 살면서 상냥한 아주머니와 정이 많은 어머님은 궁합이 맞아 유난히 친하셨다. 아주머니는 화장품 외판을 하면서 어렵게 자녀들을 키우셨다. 그 집에는 나랑 동창인 여자애도 있었다. 일요일이면 증평까지 십 리를 걸어서 성당을 갔었는데, 나도 덩달아 따라다녔던 기억이 가물가물하다. 성당 마당에 있는 커다란 종이 하늘 끝에 매달려 있는 것처럼 까마득히 보였다. 너무 높이 매달려 있어서인지 무섭게 느껴졌다. '댕' '댕' 하고 종이 울리면 내 가슴이 울리는 듯하여 무서움이 가중되었던 추억이 멀리서 들려오는 종소리처럼이나 아득하다. 그렇게 아랫집과 우리 집은 가까이 지냈다. 자녀들이 성장하여 모두 떠났다. 나 역시 홀로되신 어머님을 남겨둔 채 청주서 생활하고 있다. 아주머니는 청주에 있는 딸네에 살아 두 분의 거리가 멀어지게 되었다. 명절 때면 어머님은 청주로 나오시고, 아주머니는 시골에 있는 큰아들댁으로 가시곤 하여 길이 엇갈렸다.

전에는 전화 통화도 자주 하셨는데, 최근에는 귀가 어두워 통화도 못 한 채 서로를 안쓰러워하시며 지내시곤 하셨다.

모든 살아있는 생명은 탄생과 함께 죽음을 동반한다. 탄생이 축복이고 환희라면 죽음은 슬픈 이별이다. 사후의 세계에 천당이 있고 극락이 있다는데, 아무도 갔다 온 사람은 없다. 사후 세계라는 것은 죽음이 두려운 사람들이 위안으로 삼고자 가상의 세계를 만들어 놓은 것의 인지도 모르겠다. 이별이란 아무리 가볍고 짧은 이별이라도 슬프다. 죽음이라는 건 산 사람과 죽은 이의 영원한 이별이다. 다시 만날 기약이 없는 커다란 고통이다. 육체의 고통은 약으로 고칠 수 있다지만, 이별의 아픔은 치유의 방법이 없다. 그래서 종교를 통하여 영원한 삶을 영위한다지만 얼마나 위안이 될지 모르겠다.

마지막일 것 같은 만남을 두 분께서는 언제까지 기억하실 수 있을까.

우리 동네는 집성촌으로 대부분 돌아가시면 선산으로 향했다. 반경 1킬로 내에 옹기종기 모여 계시는데, 두 분도 돌아가시면 그 안에 계실 것이다.

사후 세계가 있다면 그곳에서 다시 해후하실 수 있을 테다. 그때는 건강한 모습으로 자유로이 만나실 수 있을까. 달 밝은 밤이면 이웃으로 서로 마실 다니며 왕래하실 수 있을 텐데. 두 분 다 천주교 신자이시니 주일이면 성당으로 나란히 가실지도 모르겠다.

두 분의 구부러진 허리에 걸쳐 있는 하얀 저고리에서 덩실덩실 승무 춤을 추는 그림이 떠오르는 연유는 무엇일까. 어쩌면 그렇게 편안한 모습으로 춤추는 듯 승화하셨으면 하는 내 바람인지도 모르겠다. 지금도 여러 곳이 아파 약을 달고 사시는데, 돌아가실 때는 더 큰 고통 없기를 바라는 마음에서다. 어머니와 아주머니께서 다음 명절 때까지라도 살아계셔서 한 번만이라도 더 만나 손을 잡는 모습을 보았으면……

오늘이 마지막이라면 돌아가신 분은 모르겠지만, 남은 한 분은 너무 큰 아픔을 간직하고 계실 것 같아서다.

(2022. 12)

어머니와 들고양이

들고양이 가족이 어머님과 인연을 맺기 시작한 것은 지난해 여름이었다.

어느 날 고양이 한 마리가 주변을 경계하며 집 주위를 맴돌고 있었다. 차츰 나타나는 횟수가 늘어나더니 현관문 앞으로 지나가기도 하였다. 어머님이 '배고파서 그런가 보다.'라며 밥을 주었다. 그때부터 식사 시간이면 나타나 '야옹' 하며 창문 아래에서 밥 주기를 기다렸다. 어머니는 식사할 때 조금씩 덜어 창문 너머로 주시며, "저놈이 나만큼 먹어" 하셨다. 한동안 안 보이더니, 어느 날 앙증맞은 새끼 두 마리를 데리고 다시 나타났다. 창문 아래에 머무는 날이 점점 늘어나더니, 어머님하고 친해졌는지 경계가 느슨해졌다. 그러나 절대로 만지지는 못하게 했다. 외부 사람이나 자동차 소리만 들려도 쏜살같이 도망갔다. 한동안 잘 지냈는데, 아침저녁으로 쌀쌀해지는 어느 날, 어미가 안 보이고 새끼들만 배회하기에 어머님이 고샅을 샅샅이 찾아보았다. 어미는 담장 밑에서 죽어 있었다. 수명을 다한 것인지 아니면 음식을 잘못 먹은 건지는 알 수 없었다. 며칠 후 새끼 한 마리도 적응을 못 하고 사라졌다. 이제 남은 한 마리만 외톨이 고아가 되었다.

어머님은 불쌍하다고 극진히 보살폈다. 추워지기 시작하는 늦가을에는 현관 안에까지 들어와 밥을 먹기 시작했다. 추워지면서 어머님이 방에서 생활하는 시간이 많아졌다. 어머니와 점점 친교를 넓히더니, 급기야 방까지 영역을 넓혔다. 어머니 뒤만 졸졸 쫓아다녔다. 잘 때도 어머니와 한 침대에서 어머니 겨드랑이 옆에서 잤다. 그렇게 쌀쌀맞던 들고양이가 완전히 애완동물로 변신하였다. 사랑의 힘은 야생동물을 완전히 변하게 하는데, 심지어 사람이야 더할 나위가 있으랴. 사랑의 위대함을 새삼 느끼게 했다.

날씨가 추워지기 전에는 문을 조금 열어 놓으면 수시로 들락날락할 수 있어 문제가 없었는데, 추워서 문을 닫아야 했다. 밖에 나갈 수 없으니 이불 위에 실례를 하여 어머님이 힘들어했다. 어릴 적 쥐 잡으라고 고양이를 키운 적이 있었다. 그때 생각이 나서 세숫대야에 모래를 담아 구석에 놓았다. 그리고 고양이에게 용변을 여기다 놓으라고 시켰다. 알아들었는지, 본능인지 해결되었다. 고양이는 천성이 깨끗하다. 개는 길가 아무 데나 실례하지만, 고양이는 구석 안 보이는 곳에 하고 흙으로 덮었다. 개는 발에 흙도 묻고 털도 지저분하여 씻겨줘야 하지만, 고양이는 씻겨주지 않아도 항상 깨끗했다.

가족을 모두 잃은 새끼고양이와 가족이 모두 떠나 혼자 계시는 어머님은 외로움에 同病相憐(동병상련)을 느꼈나 보다. 서로 말은 통하지 않겠지만, 생명의 본능에서 오는 외로움을 공유했으리라.

서로 의지하며 체온을 나누고 정을 쌓아가고 있었다. 어머님에게 대화의 상대가 생긴 것이다.

이제 서로에게 없어서는 안 되는 소중한 사이로 되었다. 어머님은 청주에 오셔서 하룻밤만 주무셔도, 고양이가 꿈속에서 보인다고 고양이에게 무슨 일이 생긴 것 같다고 하시며, 바로 가시곤 하셨다.

내가 시골에 가면 자동차 소리만 들려도 벌써 어디론가 숨는다. 나는 그 작은 고양이에게 고맙다고 쓰다듬어 주려는데, 고양이는 내 뜻을 알지 못하나 보다. 내가 어머님 외로움을 달래주지 못하는 것을 고양이가 대신 달래주기 때문이다. 고마운 마음에 이번에는 맛있는 사료도 한 봉지 사 갔는데 벌써 냉장고 뒤로 숨었다.

농번기에 일이 늦게 끝나는 날에는 자고 갔으면 하고 어머님은 기대하셨지만, 나는 야멸치게 청주로 나왔다. 어머님과 함께 자는 것이 싫은 것은 아니었다. 누추하기도 하고 샤워하기도 비좁고 불편하여 청주로 향하곤 했지만, 어머님 혼자 남겨두고 오는 나 역시 마음은 불편했다. 어머니 옆에서 자본 적이 언제였던가? 어렸을 적에는 서로 엄마 옆에서 자겠다고 베개 들고 형제들과 다투기도 했었다. 조금 커서는 사랑방에서 할아버지, 할머니랑 같이 잤는데 담배 특유의 매캐한 냄새 때문에 싫었다. 그래서 어머님이 들에 나가시며, 청소해 놓으면 안방에서 자게 해준다고 하여 마루를 닦기도 했던 기억이 아련하다.

언제였던가. 어머님이 편찮아서 병원에 입원했었다. 옆 침대에 어머님 또래의 치매로 고생하시는 할머님이 계셨다. 나보다 더 젊어

보이는 아들이 간병하고 있었다. 그 아들이 자기 어머니에게 얼굴을 비비며 애정 표현을 하는 것을 보고 깜짝 놀랐다. 그 장면을 보며 많은 것을 느끼고 반성했다. 나는 어머님과 손도 한번 못 잡아 봤다. 나에게 문제가 있는 것일까. 반성도 하곤 했지만, 지금까지도 표현을 못 하고 있다. 어쩌면 돌아가시기 전까지 하지 못하고, 돌아가신 후에 후회할 것 같다. 지금도 어머님에게 짜증이 날 때면, 그때 장면이 떠올라 바로 후회하게 된다. 얼굴도 생각나지 않는 그 젊은 아들이 내 삶의 거울이 되었다.

나 대신 어머님의 외로움을 달래주는 고양이 덕분에 마음이 한결 가볍다.

농번기 때에는 자주 가서 뵙지만, 요즈음은 자주 가지 못하고 전화를 드리면 '괜찮으니 너희들이나 건강히 잘 있으라.'라고 하시지만, 마음은 언제나 무겁다. 고양이가 재롱을 떨며 어머님을 외롭지 않게 해주니 고양이에게 고마울 뿐이다. 고양이 수명이 얼마나 되려는지 모르지만, 어머님 돌아가시기 전까지 옆에서 있어 주었으면 하는 바람이다. 다음 일요일에 시골 갈 때는 맛있는 사료라도 사다 줘야겠다.

(2022. 12)

묵은 달력

 오늘은 무엇이라도 해야 한다. 올해도 달랑 한 장 밖에 남지 않은 달력을 집어 들었다. 묵은 달력이라도 버리려 넘겨본다. 가끔 일정이 적혀있을 뿐 깨끗하다. 불과 얼마 전 퇴직하기 전 달력 일정표에는 빼곡히 일정이 담겨있었는데, 이젠 띄엄띄엄 흔적만 있을 뿐이다. 그땐 일정이 겹쳐 조정하기도 벅찼었는데 '격세지감'이다. 나이가 더해가며 할 일이 없어져 가는 것은 어쩔 수 없나 보다. 이제 올해 달력도 운명을 다했구나. 미래가 남아있지 않은 달력은 생명력을 잃은 폐지에 불과하다. 이미 지나간 날들은 과거의 하루일 뿐. 과거를 보기 위하여 달력을 찾는 사람은 드물겠다. 미래의 일정을 위하여 있는 것이 달력의 존재 이유일 테니까. 물론 지난 일을 회상하거나 어떤 날의 증거를 찾을 때는 지나간 달력도 필요하겠지만, 그 외에는 쓸모없는 폐지와 같다. 지난 한 해 12장의 달력을 넘겨보면서 하루하루가 더해진 365개의 날을 살펴본다. 365번의 날들이 지나며 무엇을 남기고 보냈는가.
 어떤 작은 흔적이라도 남기고 사라지고 있는 것일까. 지나고 나면 허무한 날들만 쌓일 뿐. 나이가 들어가며 허무함은 비례하여 늘어난다. 어떡해야 허무함을 벗어날 수 있을까. 보람되고 바쁜 일상을 보내야 한다.

요즘 어머니는 하루하루를 힘들게 보내신다. 음식을 넘기는 것조차 힘들어하신다. 의사 선생님이 집으로 모시라는 말을 듣고 집으로 모시고 와 누워계신다. 어머니의 얼굴을 내려다본다. 어머님의 굴곡진 얼굴에서 아흔다섯 해의 세월이 남긴 잔상들을 바라본다. 어머니가 남겨 놓는 지난 달력은 어떤 색깔일까. 어머님의 아흔다섯 번째 마무리하는 달력에는 어떤 기록들이 담겨있을까. 일제 강점기인 30년대에 태어나신 어머님은 외할아버지, 할머니, 외삼촌, 이모와의 만남이 첫 번째 기록일 테고, 일제의 만행을 보며 성장하여 아버지와의 결혼이 두 번째로 커다란 기록이었으리. 세 번째 기록은 결혼하자마자 아버지가 전쟁터로 가신 날일 것이다. 그날의 눈물은 물론 최근까지도 아버지 군번까지도 외우고 계신 걸 보면 얼마나 선명하게 남아있는지 알 수 있다. 지금도 기억하고 계시려는지 모르겠다. 아버지의 제대와 우리 5남매의 탄생은 어머니의 달력에는 기대와 희망으로 가득하셨을 거다.

우리 형제 모두의 생일을 기억하고 계신 것은 어머니께서 충실히 기록하셨다는 증거다. 이후 할아버지가 돌아가시고 할머니에 앞서 아버지가 먼저 가신 날도 어머니의 달력에는 절망으로 기록하셨을 거다. 할머니는 자식을 앞세운 충격으로 치매로 고생하시다 할머니마저도 멀리 가신 날을 어머니는 잊을 수 없는 또 하나의 슬픈 기록이었으리라.

이제 어머니께서 기록해 놓으신 어머니의 달력을 한 장 한 장 지워가는 중이다. 가끔은 과거의 기억으로, 또 다른 날은 현실 세계와 가상의 세계를 넘나들며 이승과 저승의 갈림길에서 오락가락하신다. 어머니의 달력은 몇 장이나 남았을까. 어느 때쯤에서 멈추게 되실는지 모르지만, 아주 가까이 있는 것만은 분명하다. 하루하루가 표시가 날 만큼 기력이 떨어지는 것이 눈에 보일 정도다. 우리 곁을 떠날 준비를 마치신 것 같다.

어차피 가셔야 한다면 아무런 고통 없이 가시기를 기원하며 지켜볼 뿐.

평생 보살핌만 받고 살아온 장남으로서 할 수 있는 일이 없다. 무기력하다.

한 가지 바람이 있다면, 이 추위가 물러가고 따스한 바람이 불어오는 봄날에 편안한 모습으로 가셨으면 더 바랄 것이 없을 텐데……

탁자 위에 버려져야 할 나의 달력과 사경을 헤매는 지나온 어머니의 달력을 겹쳐본다. 다시 쓸 수만 있다면 어머니의 달력에 더 많은 기쁨이 기록할 수 있도록 하고 싶다. 지금이라도 지울 수만 있다면, 그때 어머니를 속상하게 했던 일들을 깨끗이 지우고 다시 쓰고 싶다. 따뜻한 물수건으로 그때의 속상했던 일들을 지우듯 어머니 얼굴과 손, 발을 닦아드렸다. 내 마음을 아는지 모르는지 아무런 미동도 없으시다. 어머니는 어디쯤을 지나고 계신 걸까.

아버지와 만날 날을 약속하고 가시고 있는 것인지도 모른다. 어쩌면 아버지께서 미리 알고 자리를 잡아 어머니를 맞이할 준비를 하고 계실지도 모르겠다. 20년 전에 헤어져 이제야 다시 만나는 모습을 상상해본다. 두 분이야 평소와 마찬가지로 감정표현을 못 하시니 어색한 만남이 될 것이 뻔하다.

거미줄같이 가느다란 등산로를 따라 명심산에 올랐다. 산이라 부르기엔 민망한 작은 동산이다. 정상에 오르니 쌀쌀한 바람만이 가득하다. 차가운 바람이 얼굴을 스친다. 바닥에 나뒹굴던 낙엽이 잔설과 함께 휘날린다. 모자를 뒤집어쓰고 장갑으로 무장했다지만 춥다. 얼굴이 따갑다. 추위 때문인지 산에 오르는 사람이 한 명도 없다. 철봉 등 운동기구만이 썰렁하니 자리를 지키고 있었다. 쓸쓸한 마음을 철봉 위에 걸쳐두고 내려왔다.

'회자정리會者定離'라 했는데 어머니께서 지금 가시면 언제나 다시 만날 수 있는 것일까.

'금강 가에서'라는 어느 책에선가 보았던 시구를 되새겨 본다. '백 년을 가는 사람 목숨 어디 있으며, 오십 년을 가는 사람 사랑 어디 있으랴. 오늘도 금강 가를 거닐어 봅니다.'

(2024. 12. 30)

어머님이 마지막 가시는 길

　아침부터 하얀 눈이 소복이 쌓이고 있었습니다. 어머니가 영원히 우리 곁을 떠나시는 날이 서서히 밝아옵니다. 함박눈이 펑펑 쏟아지고 있어 어머니 가시는 길이 미끄럽지는 않을까 걱정이 앞섰지만, 왠지 포근한 생각에 마음이 놓입니다. 아침 일찍 화장장으로 가는 길목에는 눈이 쌓여 세상이 모두 하얀색이었습니다. 화로에 들어가시면 무척 뜨거울 텐데. 그냥 옛날 방식대로 매장할 걸 그랬나 하는 생각이 잠시 스쳐 갑니다. 마지막 화면을 보며 모두가 안타까운 마음으로 흐느끼며 화로 쪽을 바라보았습니다.
　한참 후에 어머니 모습은 온데간데없이 한 줌의 잿빛 유골로 유리창 너머로 보였습니다. 평소의 어머니 모습이 유골 위로 지나갔습니다. 순간 가슴속으로 무엇인가 '쿵' 하고 내려앉으며 내 몸의 일부가 떨어져 나가는 것처럼 허전함이 엄습해왔습니다. 현실로 느껴지지 않는 아득한 마음으로 유골 항아리를 받아 가슴으로 꼭 안았습니다. 조심조심 버스에 올라 안전벨트로 어머니 유골이든 항아리와 함께 내 몸을 묶고 양손으로 감싸 안았습니다. 어머니를 꼭 안는 마음으로 최대한 내 몸에 밀착시켰습니다. 항아리로부터 어머니의 체온처럼 따스한 기운이 서서히 젖어 들었습니다.

   돌이켜 보면 생전에 한 번도 어머니를 안아본 기억이 없습니다. 진즉에 한 번만이라도 이렇게 안아드릴 걸 하는 후회가 밀려옵니다. 안아 드리기는커녕 짜증만 내었습니다. 어머니께 병원에 가시자고 하면 "늙은이가 얼마나 더 살려고 병원에 오느냐며 다른 사람들이 흉본다."라고 꼼짝을 안 하실 때마다 나는 큰소리로 어머니를 윽박지르며 병원을 모시고 갔습니다.
   좀 더 부드러운 말씨로 살갑게 설득해야 했는데. 왜 짜증부터 냈을까. 언젠가 크게 후회할 날이 올 줄 알았습니다. 짜증을 내는 순간에도 오늘 같은 날이 올 거라 예상은 했지만, 이렇게 빨리 올 줄은 미처 몰랐습니다.
   아마도 오랫동안, 어머니를 다시 만나기 전까지는 가슴에 안고 살아가야 할 것 같습니다.
   한참을 달려가니 오히려 항아리가 따스한 느낌으로 나를 안아주고 있었습니다. 마치 어머니가 나를 안아주는 것 같았습니다. 좀 더 내 몸에 밀착되도록 그렇게 벨트를 조였습니다. 어머니가 내 몸에서 떨어지면 모든 것이 끝날 것 같아서 꼭 껴안았습니다. 어머니와 떨어지기 싫었습니다.

   언젠가 어렸을 때. 밝은 보름달 밤에 어머니가 동생을 업고 나는 옆에 쫄랑거리며 꼬부랑 논둑길을 따라가고 있었습니다. 외할아버지 제사 지내러 가는 길이었지요. 갑자기 엄마가 나를 꼭 껴안아서, 왜 그러시나 의아한 마음으로 엄마 팔에 눌린 귀가 아프다고 엄마 팔을 뿌리쳤던 기억이 새롭습니다.

왜 안으셨는지 몰랐었는데 이제야 알 것 같습니다. 그때도 가만히 있을 걸 하고 이제야 후회가 됩니다. 그때부터 어머니에게 잘못한 행동들이 쌓이기 시작했는지도 모르겠습니다. 그렇게 수십 년 동안 쌓인 후회가 이루 헤아릴 수 없이 많았지요. 이제 와 잘못을 되돌리려 한들 무슨 소용이 있겠습니까. 어머니는 이미 한 줌의 재가 되어 항아리 속에 있으리라고는 상상도 못 했으니까요.

그래도 조금 위안이 되는 것은 가시기 전 보름 동안 남의 손을 빌리지 않고 내가 직접 어머니 수발을 도와 드린 것이었습니다. 요즘엔 거의 요양원이나 병원에서 돌아가시는데, 어머니는 아들, 딸에다 어머니가 제일 사랑하는 장손자와 손녀가 마지막 운명하실 때까지 옆에서 손을 잡고 있었습니다.

마지막 어머니의 모습이 편안해 보였습니다. 평소에도 보기 힘든 모습이었지요. 얼마나 다행이었던지. 어머니에게 잘한 건 그거 한 가지뿐입니다.

그렇게 못난 아들로 살았습니다. 朱子十悔에서 不孝父母死後悔라고 언젠가 읽어본 글이 이제야 실감납니다.

그렇게 간간이 눈발이 오락가락하는 길을 따라 선산에 도착했습니다. 아버지 옆에 나란히 모셔드렸습니다. 그런데 너무 차가운 땅속이라 선뜻 마음이 내키지 않았습니다. 평소에도 전기세 아끼신다고 춥게 지내셨는데, 돌아가셔서도 추울 수밖에 없는 현실이 싫었습니다. 영원히 계셔야 하는 곳인데, 안타까운 마음도 함께 묻어 드렸습니다.

마지막 술잔을 올리며 어머니가 보고 싶을 때는 어떡해야 하는지 조용히 물었습니다. 평소 30분만 달려가면 뵐 수 있었던 어머니를 얼마를 기다려야 다시 만날 수 있는 것일까요.

많은 세월이 지나가면 언젠가 어머니가 가신 그 길을 따라가 뵙게 되겠지요. 그날이 언제일까. 가슴이 먹먹해집니다. 그날까지 가슴에 묻어두고 수십 년을 헌신으로 보살펴 주신 어머니의 사랑을 간직하렵니다.

어머니를 차가운 땅속에 모셔두고 오는 발길이 차마 떼놓기가 힘들었습니다.

(2025. 1)

고양이의 기다림

　어머니가 사시던 시골집 현관문 앞 양지바른 곳에 쪼그리고 앉아 있었다. 다가가니 부스스 일어나 뒷걸음질 치며 내 눈길을 피한다. 눈동자는 기다림에 지쳤는지, 봄바람에 눈이 시린 건지 반쯤 감고 있었다. '할머니는 어디 가고 왜 혼자만 오셨나요' 묻는 듯 고개를 좌우로 돌려 주변을 살핀다.
　어머니가 안 보여 불안했는지, 그리움에 지쳤는지 동그란 눈을 계속 깜박였다. 혹시나 하고 살펴봐도 오른쪽 다리만 희고 나머지는 검은 것이 어머니가 키우던 고양이가 틀림없다.

　고양이를 보니 반가움에 어머니가 돌아오신 것처럼 울컥했다. 어머니와 몇 년을 동고동락하던 고양이다. 얼마 만인가. 어떻게 지금까지 추위와 배고픔을 이겨내고 살아 있을 수 있었을까. 추위와 배고픔에 지쳤는지 갈비뼈가 드러날 정도로 홀쭉하게 마르고, 피부병이 있는 건지 털도 군데군데 얼룩져 건강이 안 좋아 보였다. 지난해 12월 중순쯤에 헤어졌으니 3개월 만에 해후다. 어머니는 먼 길을 가시기 며칠 전까지도 고양이 안부를 궁금해하시며 안위를 걱정하셨다. 뭐라도 주워 먹으며 살아 있을 거라고 걱정하지 마시라고 안심시켰지만, 우리는 추위에 먹을 것도 없고 얼어 죽었으리라 짐작하고 있었다. 그리고 서서히 잊혀 갔다. 아니 잊고 싶었는지도 모르겠다.

고양이를 다시 볼 일 없을 것 같아 방안에 남아있던 사료를 포대 채 처마 밑에 내놓아 동네 고양이들이 먹게 했다. 그 잔해들이 여기저기 널브러져 있었다. 어머니는 아끼신다고 사료를 방안에 놓고 때마다 조금씩 주셨다.

밖에 주면 다른 고양이들까지 몰려들어 감당이 안 된다고 하셨다. 이렇게 다시 만날 줄 알았으면 사료를 남겨 둘 것을 하는 아쉬움이 밀려온다.

"할머니 기다리고 있었니, 할머니 돌아가셨는데 어떡하니. 밥은 어떻게 먹고 살았니."라고 말을 걸어도 눈동자만 힐끔거릴 뿐 대답이 없다.

한번 만져라도 보고 싶어 한 발짝 다가가니 두 발짝 피한다. 저 불쌍한 생명을 어찌해야 하나. 어머니와 그동안 쌓인 정을 잊지 못하고 무한정 기다리고 있는 것이 효도하지 못한 나보다도 낫다. 언제까지 저렇게 기다리고 있을 것인가. 어쩌면 내 눈에만 고양이가 기다린다고 생각하고 있는지도 모르겠다. 고양이는 그냥 살던 곳이니까 아무 생각 없이 살고 있는데, 나만의 생각으로 안타까워하는 것이라 위안해 본다. 어머니 손때가 묻어있는 집 안 구석구석을 살피다 보니 새삼 어머니가 그리워 그렇게 착각하는지도 모른다.

오늘도 나를 보고 아주 멀리 도망가지 않는 것을 보면 고양이는 나를 기억하고 있고, 어머니를 기다리고 있는 것이 분명하다.

고양이와 어머니가 만나게 된 것은 몇 해 전 어미 고양이가 새끼 두 마리를 데리고 집 주위를 배회하고 있어, 어머니께서 어미가 잘 먹어야 한다며 밥을 주기 시작했을 때부터이었다. 처음에는 경계하느라 밥을 줘도 다가오지 않다가 사람이 없으면 먹고 가곤 했다. 며칠 만에 눈에 익었는지 창가 밑에 와서 기다리고 하여 어머니가 "저놈이 나만큼 먹어" 하시며 창문을 열고 밥을 나눠 줬다. 어머니가 옆에 다가가도 도망가지 않을 정도로 사귀었을 때쯤 어느 날, 어미가 안 보여 어머니가 동네 골목을 찾아보니 담장 밑에 죽어 있었다. 죽은 이유는 알 수 없었다. 며칠 후에는 새끼 한 마리도 보이지 않고, 가련한 새끼 한 마리만 남아 혼자 와서 밥을 먹었다. 어머니는 외톨이 고아가 된 새끼가 더욱 불쌍하다고 정성껏 보살폈다.

옛날부터 어머니께서는 정이 많아 동물들을 좋아하셨다. 언제부턴가 어머니와 정이 들었는지 안방까지 들어와 어머니와 놀았다. 어머니가 주무실 때면 겨드랑이 옆을 파고든다고 신통해 하셨다. 혼자 적적하셨던 어머니는 고양이와 허물없는 사이가 되었다. 어머니한테는 매달리고 애교도 부리고 하지만 다른 사람한테는 어림도 없다. 자주 보는 나 까지도 차 소리만 나면 정신없이 도망갔다. 처음에는 멀리 도망가더니 자주 보니 서너 발자국까지는 허용하였지만, 끝내 만져 볼 정도로 가까이해 보진 못했다.

시골집에 갈 때마다 어머니가 적적해하시는 모습을 죄스러운 마음으로 안타깝게 지켜볼 수밖에 없었다. 그러든 차에 내가 해야 할 역할을 고양이가 대신하였다. 그런 고양이가 얼마나 고맙던지. 고양이에게 보답할 수 있는 길을 찾아보았지만 맛있는 사료를 사다 주어 건강하게 자라도록 하는 길밖에 없었다. 고양이 수명이 얼마나 되는지 모르지만, 어머니보다 더 오래 살아서 어머니 곁을 지켜 주었으면 하는 바람으로 사료가 떨어지기 전 얼른 사다 주었다.

새삼 어머니와 아들과 고양이와의 인연을 생각해본다. 어쩌다 어머니와 아들의 인연으로 태어나 무한정 받기만 하고 보답해드린 것이 하나도 없는 못난 아들이 되었을까. 어머니께서 쏟아주시는 사랑과 넘치는 기대가 부담스럽기까지 했다. 어머니가 바라는 기대치에 미치지 못하는 아들로서의 자존감이 떨어져 괴로워한 적도 있었다. 모든 것에 자식을 최우선으로 생각하는 과잉 사랑이 부담스러웠다. 어머니의 큰 사랑에 보답하지 못하는 자식으로서의 죄책감이었으리라. 어머니의 무궁무진한 넘치는 사랑을 받아들이지 못한 나는 못난 아들이었다. 조건 없는 순수한 아가페 사랑을 받아들였어야 했는데, 마음이 넓지 못한 나 자신을 이제야 자책한다.

어머니는 평소에 정은 많았지만, 남에게 신세 지는 것을 싫어하셨다. 심지어 자식에게까지도 신세라고 생각하셨다. 먹을 거라도 사다 드리고 싶어 전화하면 "없으면 안 먹으면 된다."라고 한사코 거부하셨다. 나는 그런 어머니가 서운하기까지 하였다. 그마저도 자식인 내가 이해했어야 했는데 이제야 후회가 밀려온다. 어쩌다 어머니와 아들 사이에 남은 것이 후회만 가득한 인연이 되었을까.

  고양이와 어머니의 인연은 '동병상련'으로 외로운 처지끼리 의기투합하여, 서로가 미련 없는 사랑을 나누어 서로의 외로움을 덜었으리라.

  어쩌면 최근 몇 년간은 나보다 고양이가 어머니에게 기쁨을 더 주었는지도 모르겠다. 나는 그런 고양이가 지금까지 살아 있는 것이 또 고맙다.

  어머니와 정이 듬뿍 들었던 고양이를 가까이 데려오고 싶다. 어머니가 그랬듯이 고양이를 곁에 두고 사랑을 나누고 싶다.

  내가 키울 수 없다면 동물보호소라도 데려다주어 편안한 생활을 하게 하고 싶은데 무조건 도망가니 잡을 수가 없다.

  가끔이라도 어머니가 그리울 때면 사료를 사 들고 고양이를 만나러 가야겠다. 어머니께 못다 한 정을 고양이와 함께 나누고 싶어서다.

(2025. 3)

두 번째 이야기

초판 인쇄 2025년 6월 26일
초판 발행 2025년 7월 9일

지 은 이 이운우
펴 낸 이 노용제
펴 낸 곳 정은출판
등   록 신고 제301-2011-008호(2004. 10. 27)
주   소 04558 서울시 중구 창경궁로1길 29. 3F
전   화 02)-2272-8807, 02)-2272-9280
팩   스 02)-2277-1350
홈페이지 www.je-books.com
이 메 일 rossjw@hanmail.net

ISBN 978-89-5824-521-6 (03810)

ⓒ 정은출판 2024

* 이 책은 충청북도, 충북문화재단의 후원으로 문화예술육성지원사업의 일환
  으로 지원받아 발간되었음.
* 잘못 만들어진 책은 교환해 드립니다.
* 저자와 출판사의 허락 없이 책의 전부 또는 일부 내용을 사용할 수 없습니다.
* 책 값은 뒷표지에 있습니다.